全球金融投资
佳 | 作 | 选

PRACTICAL FINANCIAL MODELING
A STEP-BY-STEP GUIDE FOR PUBLIC COMPANIES
AND PRIVATE EQUITY

财务建模实践

上市公司、私募股权投资估值操作指引

刘振山◎著

清华大学出版社
北京

内 容 简 介

本书旨在提供一本标准的估值建模操作手册，包括财务建模规范、历史报表常规化调整、销售收入预测、成本预测、自由现金流预测以及三大财务报表的完整构建、计算上市公司企业价值和股权价值区间，读者可以按照本书的操作指引完成标准的财务模型构建。本书不仅提供了财务建模的操作指引，更针对如何设置假设参数提供了实践经验总结。

本书既可以作为私募股权、投资银行、集团投资部的投资专业人员的案头参考，也可以作为高校教材，为学生掌握实务知识提供宝贵的参考。同时，本书也适合作为注册估值师考生的参考教材。

本书封面贴有清华大学出版社防伪标签，无标签者不得销售。

版权所有，侵权必究。举报：010-62782989，beiqinquan@tup.tsinghua.edu.cn。

图书在版编目（CIP）数据

财务建模实践：上市公司、私募股权投资估值操作指引 / 刘振山著.
北京：清华大学出版社, 2025.4. -- (全球金融投资佳作选).
ISBN 978-7-302-68850-1
Ⅰ. F830.9
中国国家版本馆 CIP 数据核字第 202525NT00 号

责任编辑：刘　洋
封面设计：李召霞
版式设计：方加青
责任校对：王荣静
责任印制：宋　林

出版发行：清华大学出版社
网　　址：https://www.tup.com.cn, https://www.wqxuetang.com
地　　址：北京清华大学学研大厦 A 座　　邮　编：100084
社 总 机：010-83470000　　　　　　　　 邮　购：010-62786544
投稿与读者服务：010-62776969, c-service@tup.tsinghua.edu.cn
质 量 反 馈：010-62772015, zhiliang@tup.tsinghua.edu.cn

印 装 者：河北鹏润印刷有限公司
经　　销：全国新华书店
开　　本：170mm×240mm　　　印　张：16　　　字　数：233 千字
版　　次：2025 年 6 月第 1 版　　印　次：2025 年 6 月第 1 次印刷
定　　价：88.00 元

产品编号：099648-01

前 言

资本市场风起云涌、变幻莫测。本书开始动笔的时候，还是2023年年初，上证指数刚刚从低点2 864点缓慢复苏，整体市场人气还是比较低迷，这种情况在本书的写作期间一直持续。直到2024年国庆前夕，也就是本书封笔之日，股票突然大幅持续上涨，几天时间，上证指数从2 690点上涨到3 337点，证券市场人声鼎沸。谁也无法精准预测股票价格的短期变化，但是股票价格长期锚定的一定是企业的基本面价值。我们的上市企业也只有将资金投入能带来价值增长的项目，才会增加股东财富，实现股票价格上升的良性循环。

在中国资本市场，不论是中国上市公司估值定价、并购重组，还是中国企业出海，不论是资产万亿的央企、大中型民营企业，还是在股市投资的个人投资者，投资决策以企业基本面估值为依据，才可以真正创造财富。编者作为项目投资并购估值20多年的从业人员，深知掌握估值建模的核心技能对于企业高管、投资分析师和金融从业者的重要性。注册估值师协会（Certified Valuation Analyst Association）从创立以来引进出版了若干财务建模的经典图书，但这些图书全部来源于国外的案例，有很多地方并不适合中国的国情，财务建模估值的应用场景也存在差异。本书的写作正是为了弥补外版图书的不足，结合编者多年的工作经验，总结了一套财务建模估值的方法体系，希望可以帮助读者系统地学习和掌握财务建模估值的理论与实践，从而为中国资本市场的长期健康发展贡献一份力量。

1. 本书的主要目的

本书的主要目的是为读者提供一本全面、系统的财务建模估值操作指南。通过本书，读者将能够实现以下愿望。

（1）掌握财务建模估值的基本概念和方法：从基础的财务报表分析到复杂的估值模型构建，本书逐步引导读者掌握财务建模的核心技能。

（2）掌握现金流折现的应用场景和优缺点：现金流折现是分析企业基本面价值的主要方法，本书将帮助读者在掌握现金流折现分析基本方法的基础上，进一步了解财务模型主要驱动因素的参数假设及现金流折现方法的优缺点。

（3）提升实际操作能力：通过案例分析和 Excel 操作示例，特别是上市公司的实际案例，本书将帮助读者在实践中应用所学知识，构建自己的财务模型并进行估值分析。

2. 本书的结构

本书共分为十五章，内容涵盖了现金流折现的完整操作。第一章是对财务建模的综合概述，帮助读者掌握财务建模的基本概念。第二章主要介绍了财务建模的标准规范，帮助读者从开始就养成良好的建模习惯。第三章至第十三章是财务建模估值的分步操作指南。第十四章是财务模型审查与常见误区。第十五章简要介绍了市场法估值的基本原理。本书以格力电器为示例来做财务建模的演示，读者可以在阅读的过程中同步进行操作。本书阅读完成，读者也就自行创建了一个完整的财务模型。需要特别注意的是，本书涉及对格力电器的假设及估值结果，更多是从理论方法上进行演示，并不表示计算的结果就代表了准确的公司价值。这需要我们的读者结合自身的经验和对公司更加深入的研究，对财务模型假设参数进行更细致的修订，才能计算出更准确的估值区间。

财务建模与估值是一门复杂而又充满挑战的学科，但也是一项充满乐趣和成就感的工作。通过本书的学习，读者不仅可以掌握财务建模与估值的基本技能，还可以提升自己的分析能力和决策能力，为职业进一步提升做好充分的准备。希望本书不仅能够成为读者在财务建模与估值领域的良师益友，也能够帮助读者在金融市场中游刃有余，实现自己的职业目标和人生梦想。同时，我也期待与更多的专业人士一起，与注册估值师协会共同推动财务建模与估值领域的发展，为中国的金融市场作出更大的贡献。

刘振山

注册估值师协会　董事

关于注册估值师认证考试

考试简介

注册估值师（Certified Valuation Analyst，CVA）认证考试由注册估值师协会组织并提供资质认证，旨在提高投融资及并购估值领域从业人员的专业分析与操作技能。CVA 认证考试从专业实务及实际估值建模等专业知识和岗位技能方面进行考核，主要涉及企业价值评估及项目投资决策。CVA 认证考试分为实务基础知识和 Excel 案例建模两个科目，内容包括会计与财务分析、公司金融、企业估值方法、并购分析、项目投资决策、私募股权投资、Excel 估值建模共七个部分。考生可通过针对各科重点、难点内容的专题学习，掌握中外机构普遍使用的财务分析和企业估值方法，演练企业财务预测与估值建模、项目投资决策建模、私募股权投资建模、上市公司估值建模、并购与股权投资估值建模等实际分析操作案例，快速掌握投资估值基础知识和高效规范的建模技巧。

实务基础知识科目——专业综合知识考试，主要考查投融资、并购估值领域的理论和实践知识及岗位综合能力，考查范围包括会计与财务分析、公司金融与财务管理、企业估值方法、并购分析、项目投资决策、私募股权、信用分析。本科目由 120 道单项选择题组成，考试时长为 3 小时。

Excel 案例建模科目——财务估值建模与分析考试，要求考生根据实际案例中的企业历史财务数据和假设条件，运用 Excel 搭建出标准、可靠、实用、高效的财务模型，完成企业未来财务报表预测、企业估值和相应的敏感性分析。本科目为 Excel 财务建模形式，考试时长为 3 小时。

职业发展方向

CVA 资格获得者具备企业并购、项目投资决策等投资岗位实务知识、技能和高效规范的建模技巧，能够掌握中外机构普遍使用的财务分析和企业估值方法，可以熟练进行企业财务预测与估值建模、项目投资决策建模、上市公司估值建模、并购与股权投资估值建模等实际分析操作。

CVA 持证人可胜任企业集团投资发展部、并购基金、产业投资基金、私募股权投资、财务顾问、券商投行部门、银行信贷审批等金融投资机构的核心岗位工作。

证书优势

职业发展与薪酬提升——注册估值师证书要求具备的投资估值实操及分析能力是金融行业广泛认可的专业技能和职场必备工具，符合市场需求并受到雇主青睐，已经成为雇主和从业人员双向认可的投资估值实用资质证书，在竞争中更具核心优势。

实操技能跨越式提升——注册估值师考试内容紧密联系估值建模技能应用场景，能够提高从业人员的实务技能并迅速应用到实际工作中，使持证人达到高效、系统和专业的职业水平，持证人在工作流程与方法中能够遵循标准化估值体系，全面提高效率与专业化水平。

投资人际关系圈扩充——持证人由企业集团投资发展部、基金、投行、私募股权、券商、银行等金融行业在职精英组成，通过持证人在社群中的交流互动，增加业务往来与职业发展沟通。

知识体系与国际接轨——注册估值师考试采用的教材为协会精选国际及国内最实用的优秀教材，考试将国际先进的知识体系与国内实践应用相结合，推行高效标准的估值建模方法，帮助持证人打造标准规范化的职业素养，可以为企业、客户与个人创造更高标准与价值。

企业内训

紧密联系实际案例，侧重于提升从业人员的实务应用技能，使其具备高效专业的职业素养和优秀系统的分析能力。

（1）以客户为导向的人性化培训体验，独一无二的特别定制课程体系。

（2）专业化投融资及并购估值方法相关的优质教学内容，行业经验丰富的超强师资。

（3）精选国内外优秀教材，提供科学的培训测评与运作体系。

考试安排

CVA 认证考试于每年 4 月、8 月、11 月的第三个周日举行，具体考试时间安排及考前报名，请访问协会官方网站 www.cncva.cn。

协会简介

注册估值师协会是非营利性的专业机构，总部设于中国香港，致力于建立估值行业标准，培养金融投资人才，负责主理 CVA 考试认证、企业人才内训、第三方估值服务、出版发行投资专业书籍以及协会事务运营和会员管理。注册估值师协会于 2021 年起正式成为国际评估准则理事会（International Valuation Standards Council，IVSC）的专业评估机构会员。

目 录

第一章　财务模型概论　001

第一节　财务模型的定义、类型及用途　002

第二节　财务模型的主要作用　004

第三节　财务模型规划与构建　005

第四节　财务建模的学习准备　006

第五节　财务建模的职业发展　007

第二章　财务模型实践标准　008

第一节　CAFE 准则　009

第二节　财务模型的规划　011

第三节　工作簿　014

第四节　封面页　015

第五节　输入参数页　015

第六节　模型计算页 017

第七节　输出结果页 022

第八节　备注页 024

第九节　计算与函数 025

第十节　格式 028

第十一节　建议类 029

第十二节　禁止类 030

第三章　财务报表 032

第一节　案例公司介绍 033

第二节　利润表 034

第三节　资产负债表 045

第四节　现金流量表 053

第四章　财务报表常规化调整及历史比率计算 057

第一节　财务报表常规化调整 058

第二节　调整后的利润表 061

第三节　调整后的资产负债表 063

第四节　历史比率计算 067

第五章　利润表预测至息税前利润 069

第一节　营业收入预测 071

第二节　其他类金融业务收入及成本预测 076

第三节　营业成本预测 078

第四节　税金及附加预测 081

第五节　销售费用、管理费用及研发费用预测 081

第六节　其他收益预测 082

第七节　EBIT 及 EBITDA 计算 082

第八节 有效税率的计算 085

第九节 折旧摊销计划表计算及预测 085

第十节 固定资产及折旧 085

第十一节 固定资产的一般预测（简化考虑在建工程的情况）088

第十二节 固定资产的详细预测（考虑在建工程转固定资产的情况）091

第十三节 无形资产及摊销的预测 094

第十四节 递延所得税 095

第六章 营运资本与自由现金流 104

第一节 营运资本 106

第二节 自由现金流 119

第七章 加权平均资本成本 122

第一节 加权平均资本成本概述 123

第二节 加权平均资本成本的计算步骤 124

第三节 格力电器 WACC 的计算 129

第八章 终值 133

第一节 企业终值的假设时点应代表平稳状态 134

第二节 计算终值的方法 135

第三节 格力电器终值的计算 137

第九章 企业价值和股权价值 140

第一节 企业价值、股权价值与净资产 141

第二节 自由现金流折现 143

第十章　敏感性分析和情景分析　151

第一节　敏感性分析　153
第二节　情景分析　156

第十一章　完整利润表　161

第一节　贷款偿还表的构建　163
第二节　完成利润表　171

第十二章　现金流量表　182

第一节　经营活动现金流　185
第二节　投资活动现金流　185
第三节　筹资活动现金流　187

第十三章　资产负债表　198

第一节　资产负债表配平　200
第二节　资产负债表配平检查　215

第十四章　财务模型审查与常见误区　218

第一节　财务模型常见审查方法　220
第二节　财务模型及估值乘数的误区　223

第十五章　市场法估值　229

第一节　可比上市公司估值　231
第二节　可比先例交易分析　235

参考文献　237

附录　模型构建完整步骤　239

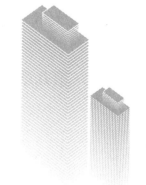

第一章

财务模型概论

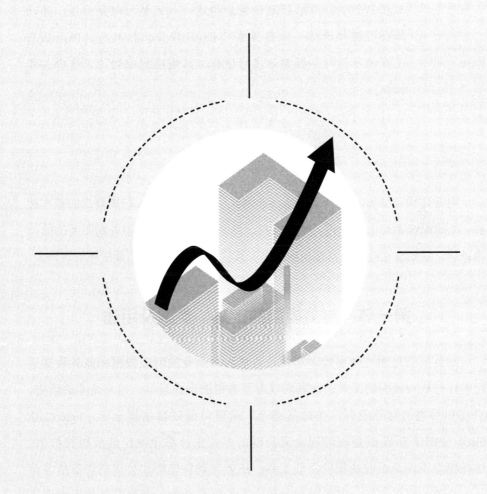

小案例

张鑫是一名即将毕业的金融专业研究生,正在寻找毕业后的工作机会。在校期间,张鑫学习刻苦、成绩优异,还热衷于参加各种专业资格考试,并获得了证券从业资格、期货从业资格、基金从业资格,注册会计师考试通过了3门,资产评估师考试通过了3门。经过四处投递简历,张鑫终于获得了一家知名私募股权投资公司的面试机会。张鑫在校期间也是学生干部,语言表达能力强,因此张鑫很快获得通知,参加第二轮的笔试。张鑫如约来参加笔试,但是拿到题目的时候,他立即崩溃了,因为笔试题目是给了一个案例背景和3年的完整财务报表,要求在3个小时内根据题目背景构建一个完整的财务模型,并计算公司股权价值。张鑫虽然对Excel操作比较熟悉,但是从来没有学习过财务模型估值的课程,只能遗憾地错过了这次工作机会。

财务建模与估值的技能已经是当下绝大多数投资岗位入职所要求的基本技能,不论是央企、上市公司、私募股权、券商投行,还是从事并购服务的律师事务所,都要求从业人员具备相应的职业技能,具备注册估值师的职业资格。

第一节 财务模型的定义、类型及用途

财务模型是通过使用数学和统计方法,对企业的财务数据和业务数据进行量化分析与预测的工具。它通常以电子表格的形式呈现,包含企业的历史、当前和预测的财务表现。在此基础上,就可以通过自由现金流(Free Cash Flow,FCF)折现或是权益现金流折现的方式来计算企业价值或股权价值。这些模型不仅是企业决策的重要工具,还能帮助估值师和公司高管评估各种业务决策的财务影响。财务模型的核心在于将企业的运营情况转化为数字语

言，通过对历史数据的分析和未来假设的建立，预测企业未来的财务表现。当然，财务模型并非万能，它的预测基于特定的假设，这些假设只是基于预测时点对未来的可能性作出的合理假设。这些假设数据很多情况下可能与实际情况不同，有些参数高，有些参数低。尽管如此，财务模型也能给我们提供对项目未来情形的分析，特别是我们可以借助经验，在参数取值合理的情形下，对项目的投资可行性作出判断，并且可以通过情景分析，预判在下行风险出现时我们可以承受的最大风险。

在日常工作中，我们经常会使用几种类型的财务模型。按照不同的工作职能，财务模型主要分为以下三类。

（1）三大报表模型。三大报表模型是财务会计人员经常使用的工具。三大报表模型通常用于预算编制与财务规划，包括利润表（income statement）、资产负债表（balance sheet）和现金流量表（cash flow statement）。三大报表模型通过公式动态链接将三大报表的财务数据关联起来，使对任何假设的更改都能反映在报表之中。三大报表模型虽然是基础模型，但也是财务模型的核心。对大量的会计和财务从业人员来说，在掌握三大报表模型的基础上，只要再往前走一小步，就会打开另外一扇门，这就是财务估值模型的大门。

（2）财务估值模型。财务估值模型是企业内部或是投资银行从事投资并购岗位或是估值师最常用的投资工具。估值模型具体又可以细分为现金流折现（DCF）模型、杠杆收购（LBO）模型以及并购模型，可以将这些模型统称为财务估值模型。财务估值模型是在三大报表模型的基础上，根据企业的历史财务状况，对未来的财务绩效驱动因素作出假设，并通过计算未来的自由现金流折现来计算公司的企业价值。例如，对上市公司股价的合理性进行判断，或是并购一家正在运营的企业，都需要借助财务估值模型来对企业价值进行判断。

（3）项目投资决策模型。项目投资决策模型通常用于企业内部新建绿地项目的投资决策或是可行性分析。新建项目通常是单一的项目，并非对企业整体进行分析，如深圳高速公路集团准备新建一条从广州到深圳的高速公路项目。那么，这个项目的投资收益率是否能够满足集团的投资门槛收益率要求？要解决这个问题，通常需要构建一个项目的投资决策模型。因为是新建项目，项目本身没有历史运营数据可以参考，更多的是依靠可以获得的市场的调研数据或是投资经验数据对未来的市场进行分析和判断。通过对建设投资、车流量、通行费、维护成本、管理费、融资利率等参数的预测，来计算项目的投资回报率或是资本金出资的股权回报率是否可以达到公司要求的收益率门槛。

第二节 财务模型的主要作用

财务模型主要具有以下几个作用。

（1）财务分析、财务预算与规划。三大报表模型的主要作用就是编制财务预算与制订财务计划。通过建立销售预测模型、成本费用模型等，可以编制企业的年度预算和长期财务计划。同时，可以通过趋势分析、结构分析、比率分析及杜邦分析等多种方式，进行企业的财务分析。

（2）投资分析与决策支持。通过构建投资项目的现金流量模型，计算净现值、内部收益率等指标，投资者可以评估不同投资项目的潜在收益和风险，为投资决策提供量化依据。

（3）融资决策。不论是从企业自身角度或从银行第三方角度，都需要预测企业未来的盈利和现金流，计算不同的贷款结构对企业现金流的影响和企业的偿还能力，从而选择最优的融资结构和融资工具。

（4）企业估值。财务模型是企业估值的重要工具，通过预测企业未来的现金流来计算企业的内在价值。对于并购企业的估值判断，通过构建财务模型来进行现金流折现，也称为收益法。收益法和市场法是对可持续经营企业估值最常使用的两种方法，收益法直接反映的是企业的基本面价值，特别是对于相对成熟的企业来说，收益法是决定估值的核心方法，而市场法通常用来作为参考。对于上市公司来说，通过财务模型来进行企业价值及股权价值的评估，对比上市公司的股票交易价格，投资者可以判断股票价格是否存在高估或是低估，从而辅助投资决策。上市公司也可以根据对自身的价值分析，制定更好的市值管理策略。

第三节　财务模型规划与构建

建模规划是财务模型构建过程中不可或缺的一部分。一个详细的建模规划可以确保模型的完整性和准确性，避免遗漏重要的财务数据和预测假设。同时，建模规划还可以提高模型的可读性和易用性，使其更易于理解和操作。对估值师日常工作来说，建模规划主要涉及任务时间计划表、与假设输入提供者的沟通及提交数据的进度表、财务模型结构及搭建、模型结果的报告与审核等关键事项。

财务模型的搭建和盖房子一样，需要一定的设计灵感，也需要遵循一定的步骤，这样搭建出来的模型才能既美观又牢固。按照以下步骤操作创建出的财务模型，不仅可以实现基本的目标，还可以对影响模型结果的主要业务驱动因素进行修改，对相关假设的风险和不确定性的敏感程度作出分析。

（1）确定使用对象。模型构建完成之后，需要确定是你来使用，还是提供给客户使用，或是需要在团队内共享来使用。当然，不管使用者是谁，在搭建过程中都要遵循建模的规范，让搭建出来的模型成为一种通用模型，也更易于检查和修改。

（2）确定模型的用途。在搭建模型之前，要明确这个模型解决什么问题、最终的目的是什么。例如，我们是希望计算每股价格，还是希望计算股权投资的内部收益率，或是基于最高财务杠杆的条件，在固定投资回报率目标的情况下，买方所能支付的最高价格。

（3）设定模型的结构。在对财务模型搭建熟悉之后，首先了解一个标准的财务模型会有封面页、输入页、计算页、结果页、输出报告页、记录修改页。根据建模者不同的偏好或项目特点，需要构建不同的明细页面。例如，若是开发的模型供第三方使用，复杂的模型还需要添加示意图的页面来说明模型整体的功能。

（4）输入假设。在确定模型用途，也即自己的目标结果之后，就需要在搭建模型之前列明所需要的全部假设，并且可以把这些假设按照类别进行组合。对不同的行业及项目而言，输入假设页面是非常关键的，因为不同行业或项目的驱动因素都需要反映在这个页面之中。

（5）模型结构。模型结构更像是标准的模块，因为财务报表之间的关联以及如何根据历史数据来完成预测，并计算自由现金流及折现价值，是标准的计算过程。

（6）模型的结果及展示。对于高阶的建模师来说，会更重视财务模型的结果和报告页，因为这是财务模型输出的核心部分。他们将复杂的财务模型转化为易于理解的决策信息，而且结合数据可视化技术，从而大大提升财务信息的可读性和实用性。

（7）模型审计与测试。在开始构建模型的过程中，这个问题可能并不明显！很多初学者直到看到模型计算结果与现实差距非常大，才会意识到模型计算中产生了错误。但潜在更大的风险是，看起来结果正常的模型，其中也包括很多错误。这种错误只能通过模型审计与测试来进行检查。

第四节　财务建模的学习准备

财务建模不仅是估值师需要掌握的一项基本技能，也是金融投资行业从业者需要掌握的一项基本技能，甚至对于投资股票的股民来说，掌握财务建模也是如虎添翼的一项技能。虽然金融行业在当前的经济环境下面临一定的挑战，但是从长期来看，金融行业仍然是具有吸引力和充满挑战性的行业，特别对一些人来说，对金融业的热爱更是与生俱来，越困难，越前行。财务建模是一项复杂的技能，需要扎实的基础知识和实践经验。掌握估值建模，就是打开金融行业大门的一把钥匙，让我们来看看如何更好地进行学习准备。

（1）会计和财务基础。财务建模首先是基于企业的历史财务报表进行分析，并基于历史情况进行预测。因此，在学习财务建模之前，首先要掌握会计的基本原理，包括基本的会计原理和概念，如借贷记账法、会计等式等。其次要熟悉三大财务报表（利润表、资产负债表和现金流量表）的构成和相互关系。

（2）财务分析的基本方法。这部分内容相对比较容易，在掌握会计报表的基础上，财务分析的基本方法很容易掌握，如财务比率分析、财务指标计算、趋势法、同比法、杜邦分析法等。

（3）Excel 技能。Excel 是最常用的财务建模工具，具有强大的数据处理和分析功能。通过使用 Excel 的公式、函数和图表，可以构建复杂的财务模型。难度更高一点的，可以学习一些编程语言，如 Python 和 R，从而用于构建更高级的财务模型和进行大数据分析。这些编程语言具有强大的数据处理和分析能力，适用于需要处理大量数据和复杂计算的财务模型。

（4）行业知识。任何一个财务模型都不是空中楼阁，也不是数据毫无意义的堆砌。特别是涉及预测未来的假设数据，都需要基于行业知识及对行业的理解。例如，对于芯片行业或是生物医药行业的具体公司而言，去分析产品的竞争优势或是产品的市场空间，都必须具备一定的行业知识。资深的财务建模师首先必须是这个行业市场的专家。

第五节 财务建模的职业发展

掌握财务建模的技能是对从事集团公司、私募股权、上市公司投资并购、估值师、投资银行财务顾问及券商研究员的基本要求。对投资岗位来说，刚入门的分析师或是初级岗位就应该具备相应的技能。非常遗憾的是，绝大多数高校的本科生以及研究生课程都只是将 Excel 技能作为一项基础课，并没有完整的财务建模及估值课程。因此，很多即将毕业的高校学生去参加投资机构的笔试时遇到财务建模的试题，就完全败下阵来。

学习财务建模也并非只是金融投资专业的必修课，但凡有志于从事投资岗位的各专业学生，财务建模都是一门必修课。投资领域涉及各行各业，如生物医药、高端制造、计算机科学、航空航天等。针对这些需要特别专业知识的领域，拥有相关专业背景再加上金融投资技能的复合型人才更具有职业发展优势。

万事开头难。相信读者可以通过系统的学习和实践，掌握财务建模的基础知识和技能，并不断解决实践中的问题，构建出准确、可靠的财务模型，为企业科学决策保驾护航。

第二章

财务模型实践标准

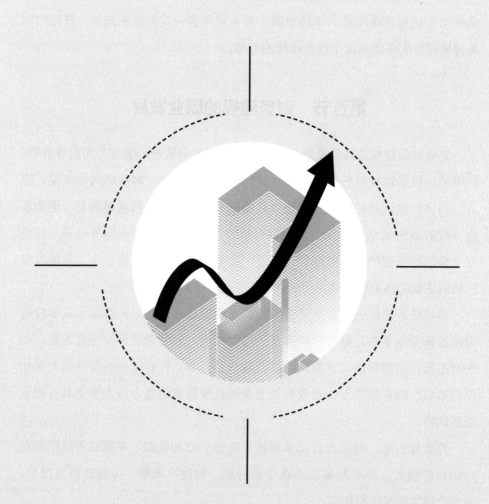

第二章 财务模型实践标准

小案例

在第一章中,张鑫失去了一次难得的工作机会以后,亡羊补牢,立刻投入大量的时间来学习财务建模,并且通过了注册估值师考试。功夫不负有心人,张鑫最终入职一家央企的投资评审部门,专门审查二级公司提交的投资建议书。这家央企拥有几十家地方子公司,并且每一家子公司的投资项目都要报到集团进行审批。凭借过强的专业知识,张鑫很快就进入工作状态,但是他也发现了一个问题——每一个投资项目其实都是类似的,但是每一家子公司提交的财务模型都是各种各样,输入条件、模型结构都是千差万别,每次都要花很长时间去梳理模型的结构。张鑫善于发现问题并解决问题,很快给集团提交了一份合理化建议,就是在集团内部推行统一的财务模型标准,使用同一个模板,这样投资评审人员就可以将重点放在投资造价、运营成本等关键假设的比较和审查上。原来审查一个项目需要一周的时间,现在使用通用的模型,审查时间大幅缩短,而且工作质量得到提升,子公司和集团公司都认为这项工作创造了极大的价值。张鑫也因此获得了升职加薪。

规范的财务模型可以提高工作效率、降低模型风险、最小化财务模型风险导致的投资损失发生的概率。在公司内部遵循规范的财务建模标准,使从业人员养成良好的建模习惯,是任何从事财务建模或准备从事有关工作的专业人士学习的第一步。

第一节 CAFE 准则

构建财务模型的总体原则是清晰透明(clarity)、准确适用(appropriate)、灵活操控(flexible)、高效结构化(efficiency),简称 CAFE 准则。总体原则不仅仅是为了保证模型开发者通过财务模型实现特定目的，更重要的是保证财务模型可以供客户、同事及相关群体使用和审计。在公司内部遵循同一套财务模型准则及模板，可以极大地提高团队的工作效率并节省模型审查时间，从而将工作重点集中在财务模型的重要驱动因素及假设依据上，将财务模型自身风险降至最低水平。

一、清晰透明原则

清晰透明原则要求财务模型具备清晰的框架设计和简洁的计算公式，不存在任何形式的"暗箱"。这一原则不仅可以提高财务模型的灵活性，还有助于建模人员或其他用户快速查找数据并调整模型。最重要的是，它能使任何第三方用户轻松理解模型中的逻辑关系、检查模型的计算过程。模型的清晰并不仅仅是为了外观结构的美观，更是为了避免财务模型出现错误，方便同事及其他相关人员使用、检查或审计。

二、准确适用原则

准确适用原则是指财务模型的假设条件与输入参数均应有翔实的数据来源，同时计算正确，不存在错误输入。财务模型涉及诸多假设，有客观假设，也有大量的主观假设，无论假设数据是客观还是主观，都需要有翔实的数据支持并保证取值的合理性。在假设条件与输入参数准确的基础上，财务模型的计算公式应保证逻辑关系正确、公式钩稽关系准确、计算符合标准、不出现人为的公式输入计算错误。

同时，财务模型应当始终聚焦于解决预期的问题，并为用户提供行之有效的解决方案或指标性结果。财务模型的首要作用是为综合决策提供支持，而不是服务于某一参数的细节测算。

三、灵活操控原则

灵活操控原则是指财务模型应该在短期内具备灵活性、长期内具备适用性。一方面，模型用户可以在短期内（版本尚未更新）进行任意的敏感性分析与情景分析（即可以随意地调整输入并得到动态的输出结果）；另一方面，在将来较长时期内，模型用户可以通过简单的操作实现财务模型的更新及扩展。

由于投资或并购交易会随着工作进展发生动态变化，因此任何一个财务模型都必须实现参数的随时调整与结果的动态输出，而且必须能够处理各种敏感性分析和情景分析。换言之，一个优秀的财务模型不仅适用于各种假设条件的变化，而且能够在不改变结构的前提下准确计算并完整输出结果。相反地，为解决同一问题而维护多个模型（如"基准方案模型""下行情景模型"）会产生诸多问题。

四、高效结构化原则

高效结构化原则是指财务模型的设计与架构应该统一标准、简单有效、方便审计。对同一公司而言，不同的开发人员应遵守相同的建模规定及格式要求，并对相关模块进行标准化设计，方便财务模型在不同层面与不同阶段的商业交易中使用。尽管商业交易的类型及交易结构多种多样，但是它们都可以概括为几个有限的财务模型类型，并且每一类财务模型都有着自身的结构化特征。

高效的原则还同时体现在财务模型的复杂程度与项目要求方面。在满足项目要求的前提下，财务模型的设计应该尽量简洁，可以充分反映关键驱动因素假设对结果的影响。

第二节　财务模型的规划

根据财务模型的预期解决目标，确定财务模型的工作范围与内容，制定建模流程，确定输出指标与输入参数的种类。建议使用流程图的形式将模型结构、工作流程、逻辑关系、输入与输出形象地呈现出来。

一、模型用户

（1）关于模型用户的Excel操作水平问题。如果用户的操作水平有限，那么财务模型就需要使用一些用户友好的操作工具。例如，更详细的使用说明、更多的控制工具（如下拉框、选项框）和简单的宏程序。

（2）关于模型用户使用的Excel版本问题。如果Excel版本较低，则应避免在模型中使用新版本Excel特有的函数与相关工具。

（3）关于模型用户的视角问题。对于大部分用户而言，他们会更加关注财务模型的输出结果与情景分析结果，模型开发人员应该将模型输出结果形象地表达出来。

二、前期沟通

为增强财务模型的灵活性与适用性，模型开发人员应该在建模初期就与相关人员加强沟通，以深入了解预期和要求，细化有待解决的问题，获取更多信息并验证部分假设。前期的充分沟通可以保证后续工作都朝正确的方向前进，使最终的财务模型达到使用目的。

三、建模范围与内容

确定模型范围，明确财务建模的全部工作内容与模型的适用条件。

四、结构流程图

按照财务模型的结构流程图逐步填充模型。结构流程图不仅有助于建模的整体规划，而且可以帮助用户更好地理解设计布局、逻辑关系与建模目的，同时模型开发人员还可以将它作为解释模型的演示工具。

需要注意，结构流程图与模型目录不同：结构流程图不仅反映了模型的组成部分，同时也反映了计算的逻辑关系、输入参数类型与输出结果类型等；而模型目录通常仅反映模型的组成结构，详见图2-1。

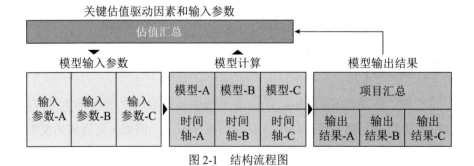

图2-1 结构流程图

五、模型的横向结构规划

财务模型的横向结构规划,主要包括输入参数页面的横向布局和模型计算页面的横向布局两个方面。输入参数页面的横向布局往往由计算页面的横向布局所决定。例如,在计算表中进行逐年收入的预测时,需要利用增长率或增长指数,当采用前一年的数据来预测本年数据时,就可以在输入参数表中将增长率设置为一列;而当采用基准年的数据来进行指数化增长预测时,可能就需要将输入参数设置成多列(一般情况下不设置成多行)。

六、模型的纵向结构规划

财务模型的纵向结构规划,主要指模型计算页面的纵向布局。在建模初期,应该按建模工作流程与内容,将整个模型的计算过程分解为一些相对独立的计算模块,将这些计算模块按照自上而下的逻辑关系布置在计算页面中,并预留出适当的空白行(图2-2)。或者可以将计算页面拆分成几个独立的计算工作表,但这会使计算公式中出现跨表链接,增加模型的修改与审计难度。模型开发人员应按照实际情况作出两者间的平衡。

截至12月31日	2019A	2020A	2021A	2022A	2023A	2024E	2025E	2026E
收入								
营业收入	198,153.0	168,199.2	187,868.9	188,988.4	203,979.3	217,339.9	230,575.9	244,848.6
其他类金融业务收入	2,355.3	2,298.2	1,785.2	1,162.3	1,038.9	928.5	829.9	741.8
营业总收入	200,508.3	170,497.4	189,654.0	190,150.7	205,018.1	218,268.4	231,405.8	245,590.4
营业成本	143,499.4	124,229.0	142,251.6	139,784.4	141,625.6	158,741.1	168,408.4	178,832.9
毛利润	57,009.0	46,268.4	47,402.4	50,366.3	63,392.6	59,527.4	62,997.5	66,757.5
税金及附加	1,543.0	964.6	1,076.7	1,612.2	2,114.2	2,252.7	2,389.8	2,537.8
销售费用	18,309.8	13,043.2	11,581.7	11,285.5	17,129.6	18,251.6	19,363.2	20,561.7
管理费用	3,795.7	3,603.8	4,051.2	5,268.0	6,542.2	6,970.7	7,395.2	7,852.9
研发费用	5,891.6	6,052.6	6,296.7	6,281.4	6,762.1	7,237.8	7,678.5	8,153.8
其他业务成本(金融类)	111.2	305.0	524.1	82.5	126.9	150.6	134.7	120.4
其他收益	936.2	1,164.1	832.2	879.8	900.7	879.8	879.8	879.8
息税前利润(EBIT)	28,294.3	23,463.4	24,704.2	26,716.5	31,618.2	25,543.8	26,915.9	28,410.7
历史比率及假设								
营业收入增长率		-15.1%	11.7%	0.6%	7.9%	6.6%	6.1%	6.2%
其他类金融业务收入增长率		-2.4%	-22.3%	-34.9%	-10.6%	-10.6%	-10.6%	-10.6%
营业成本占营业收入比例	72.4%	73.9%	75.7%	74.0%	69.4%	73.0%	73.0%	73.0%
税金及附加占营业收入比例	0.8%	0.6%	0.6%	0.9%	1.0%	1.0%	1.0%	1.0%
销售费用占营业收入比例	9.2%	7.8%	6.2%	6.0%	8.4%	8.4%	8.4%	8.4%
管理费用占营业收入比例	1.9%	2.1%	2.2%	2.8%	3.2%	3.2%	3.2%	3.2%
研发费用占营业收入比例	3.0%	3.6%	3.4%	3.3%	3.3%	3.3%	3.3%	3.3%

图2-2 纵向结构规划

七、制定模型的检查流程

财务模型的检查过程主要包括建模过程中的随时检查、模型初稿完成的质量保证检查、交付用户前的委托外部检查。

检查内容主要包括输入参数检查、逻辑关系检查、计算过程检查、模型的稳定性检查等。

八、财务模型的文件命名

建议文件命名规则为：[完成日期]_[项目名称]_[版本号].xlsx。

例如：20230521_CAFEModel_V2.xlsx。

九、模型的版本控制

开启文件的自动保存功能，并养成经常手动（快捷键 Ctrl+S）保存文件的习惯。同时，随着财务模型开发工作的进展，随时将模型保存为不同的版本。这样，当现有版本的模型出现无法解决的问题或开发人员希望重新构建时，则有据可查或者直接返回上一版模型。对正式的财务模型而言，往往需要进行多次更新才能形成最终的交付版本。这时，应保证每一版的更新均有详细记录。

第三节 工作簿

一、工作簿结构

财务模型至少应包括封面、输入参数、模型计算、输出结果和备注五个部分。

二、用一个工作簿来创建财务模型

最好用一个工作簿来反映整个财务模型，除非财务模型需要由建模团队合作完成，或是工作簿太大难以进行数据更新与运算，又或者是模型用户的特殊要求。

三、工作簿内工作表的逻辑顺序

工作簿内各个工作表的排列顺序应当符合逻辑关系，按照结构流程图的先后顺序进行排列，同时保证模型的使用说明等信息处于优先位置。

四、工作簿内工作表的标签要清晰

对于按照逻辑顺序排列出的所有工作表，应保证其标签的清晰与简洁。如图 2-3 所示，使用简洁的命名和不同颜色的标签区分三大财务报表、辅助报表及 DCF 估值工作表。如果工作表的名称过长，会导致跨表引用的公式过于复杂。如果工作表的名称区分度不高，则目录与结构流程图中的逻辑关系将不够清晰。

| 利润表 | 资产负债表 | 现金流量表 | 营运资本变动表 | 折旧摊销计划表 | 贷款偿还表 | DCF | 情景分析 |

图 2-3　工作表标签

第四节　封面页

财务模型的封面页包含一些与财务模型有关的重要信息，至少应该包括以下内容

（1）模型的结构流程图。

（2）模型目录。

（3）模型的使用说明。

（4）模型的目的、适用条件、法律责任、免责声明等。

（5）模型的更新日志，包括更新人、更新日期、更新内容、更新前后的输出结论对比等。

第五节　输入参数页

一、将输入参数归类

将不同的输入按照属性分类列出。利润表假设参数、营运资本假设参数及现金流量表假设参数等参见图 2-4。

二、同一假设参数只输入一次

相同的数据源仅在模型中输入一次，不应该在工作表的不同地方多次输

利润表假设				
营业收入增长率（%）		6.6%	6.1%	6.2%
基准情景	1	6.6%	6.1%	6.2%
乐观情景	2	6.6%	6.1%	6.2%
悲观情景	3	6.6%	6.1%	6.2%
营业成本占营业收入%		73.0%	73.0%	73.0%
基准情景	1	73.0%	73.0%	73.0%
乐观情景	2	69.4%	69.4%	69.4%
悲观情景	3	75.7%	75.7%	75.7%
销售费用占营业收入%		8.4%	8.4%	8.4%
基准情景	1	8.4%	8.4%	8.4%
乐观情景	2	6.0%	6.0%	6.0%
悲观情景	3	8.4%	8.4%	8.4%
营运资本假设				
应收账款周转天数		81.0	81.0	81.0
基准情景	1	81.0	81.0	81.0
乐观情景	2	63.7	63.7	63.7
悲观情景	3	81.0	81.0	81.0
存货周转天数		105.9	105.9	105.9
基准情景	1	105.9	105.9	105.9
乐观情景	2	90.6	90.6	90.6
悲观情景	3	105.9	105.9	105.9
应付账款周转天数		178.1	178.1	178.1
基准情景	1	178.1	178.1	178.1
乐观情景	2	216.4	216.4	216.4
悲观情景	3	178.1	178.1	178.1

图 2-4　输入参数归类

入同一假设，并且所有与其相关的引用均应直接链接到初始输入的单元格，避免出现多源链接。

三、设置参数备注列

输入参数页面不仅包括输入假设本身，还应单独留有备注列，以方便记录数据的来源、数据选择依据等信息。

四、输入参数的标记

对手动输入的参数（非公式计算），应该将字体设置为蓝色、单元格背景设置为黄色，以便将输入数据明显地区分出来，如图 2-5 所示。

WACC计算	7.00%
无风险利率	2.57%
市场风险溢价	5.63%
贝塔	0.8409
规模溢价	0.00%
股权成本	**7.30%**
债务成本	4.75%
税率	15.27%
债务成本	**4.02%**
股权/资本总额	50.40%
债务/资本总额	49.60%
WACC	**5.68%**

图 2-5　WACC 计算表的形式

五、数据源与输入参数页的缓冲区

如果模型的数据源很多或者输入参数来自外部不同的组织或部门，模型开发人员可以单独设置一个模型数据文件，并将模型的输入数据要求与数据格式详细说明，然后将此文件委托给外部组织填写，以此来收集与规范模型的输入参数。

第六节　模型计算页

一、列数据应保持一致

所有计算表的列数据应该具有相同含义及时间点。如果资产负债表、利润表、现金流量表以及贷款偿还计划表等不同的计算表分布在不同表格，应该将同一列对应在相同的年份或同一时间轴，如图 2-6 所示。此外，行数据也应统一，如将行数据的数据标签统一写在 B 列、数据单位写在 C 列等。

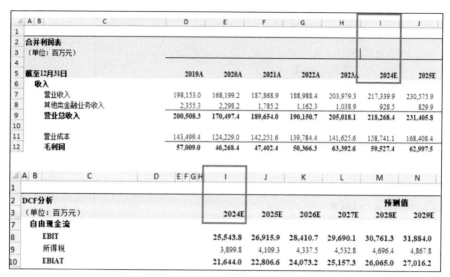

图 2-6　不同表格同一列对应相同年份

二、时间轴应保持一致

所有计算表的时间轴起点、时间轴单位、时间轴终点应保持统一。

如果需要将某一张表内的坐标轴分为两个时间单位，可以将所有的时间轴设置为"混合时间轴"，但会增加时间上的开关设置（flag）与计数（counter），造成计算复杂。为了简化计算，可以将特殊计算表的时间轴拆分为两个表，但应保证主时间轴与其他计算表的时间轴统一。一种解决方法是将模型的工作表全部按最小区间进行处理，然后在另外一张工作表中通过 SUMIF 函数自动合并为年度数据。另一种解决方法是将特殊时间单位的数据单独列表计算，如建设期的数据单位是月，则可以单独设置建设期的月度资金计划报表，然后在模型计算表中通过 SUMIF 函数将其合并，如图 2-7 所示。

图 2-7 中，使用 SUMIF 函数将月度数据合并为年度数据。

三、隐藏无用的工作区

在计算页面内，利用"Control + Shift + 右箭头"将无用的列隐藏起来，如图 2-8 所示，以缩小表内工作区。当快速建模需要直接向右复制公式时，这种做法可以有效避免计算公式在整行内全部复制（16 384 个单元格），从而减小文件、提高模型的运行速度。

第二章　财务模型实践标准

H18				fx	=SUMIF(Calculation!$H$9:$FA$9,FinSta!H$9,Calculation!$H78:$FA78)/$F$14				

	A B C	D	E	F	G	H	I	J	K
4		时间								
5										
6		期初日期			2024/7/1	2024/7/1	2025/1/1	2026/1/1	2027/1/1
7		期末日期				2024/12/31	2025/12/31	2026/12/31	2027/12/31
8		天数				183	364	364	364
9		年份				2024	2025	2026	2027
10		占比				50.27%	100.00%	100.00%	100.00%
11		时间点				1	2	3	4
12		项目运营时间点			7	1	1	1	1
13		每年天数			365				
14		百万			1,000,000				
15										
16		利润表								
17										
18		收入				2.23	2.40	2.42	2.41
19		销货成本				(1.32)	(1.46)	(1.52)	(1.56)
20		毛利润				0.91	0.94	0.90	0.85
21		佣金				(0.09)	(0.09)	(0.09)	(0.09)
22		停车费				(0.25)	(0.26)	(0.27)	(0.27)
23		EBITDA				0.57	0.59	0.54	0.49
24		折旧				(0.37)	(0.37)	-	-
25		EBIT				0.19	0.21	0.54	0.49
26		利息费用				-	-	-	-
27		所得税				(0.05)	(0.05)	(0.14)	(0.12)
28		净利润				0.15	0.16	0.41	0.37

图 2-7　时间轴合并

	P	Q	R
	2031E	2032E	2033E
	295,004.1	300,904.1	306,922.2
	423.2	378.2	338.1
	295,427.2	301,282.4	307,260.3

图 2-8　隐藏 Q 列之后的所有列

四、从第二行、第二列开始建模

将工作表的第一行与第一列空置，从单元格 B2 开始创建财务模型，同时在相关位置预留空白行与空白列，如图 2-9 所示。

五、从左至右、自上而下的顺序

任何一张工作表的布局，均应按照从左至右、自上而下的顺序进行创建。

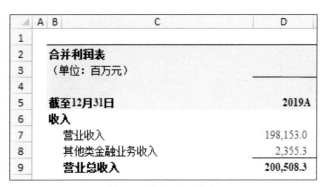

图 2-9　留空列及空行

六、工作表的拆分与逻辑性

如果模型的计算流程较长，可以将模型的计算拆分为几个独立的计算表，并且按照计算的逻辑先后排列。例如拆分为融资计算表、运营分析表、税务计算表等。相反地，对于简单模型而言，可以在一张工作表内完成全部计算，但仍要将计算拆分为不同的计算模块，并按照自上而下的顺序排列。两种方式均有利弊，模型开发人员可根据自身的建模习惯选择跨表引用或跨模块链接。如前所述，若要跨表引用，则工作表的名称不应过长。

需要注意，应该保证一个计算表或计算模块仅用于处理一个问题的计算，使内部的计算公式具有一致性，便于模型用户理解。

七、行标签的准确与清晰

计算表内的每一行数据，均应有对应的子项名称或数据标签，并且提前规划好整个模型内的数据标签名称，避免定义不清、造成混淆。尤其是不同国家、不同地区的财税定义与习惯写法、缩写等均有所差别，模型开发人员应该根据不同用户改善模型的适用性和可靠度。

对同一数据，不应有两个不同的数据标签；对不同数据，不应使用相同的数据名称。同时，应注意大小写、单位转化的问题。

八、流入与流出的"加"与"减"符号

通常我们会用负数表示现金流出或者其他"扣减项"，用正数表示现金流入或者其他"增加项"，而在模型的计算中使用 SUM 求和，如果没有说明，这会使其他模型开发人员或者模型用户难以理解模型的计算逻辑。因此，对

于所有的现金流出或者“扣减项”，应该在数据标签前用“减”（less）表示，而对所有的现金流入或者“增加项”，则用数据标签“加”（add）表示，并且将具体的数据全部使用正数表示，如图 2-10 所示。这样，在公式计算中将会出现明显的逻辑关系，便于用户理解。此外，在生成报告时也可以增强文件的可读性。

自由现金流	
EBIT	**25,543.8**
减：所得税	3,899.8
EBIAT	**21,644.0**
加：折旧与摊销	4,815.3
加：递延所得税	(1,380.7)
减：资本性支出	(7,000.0)
减：营运资本增加/(减少)	(15,937.7)
自由现金流（FCF）	**2,140.9**

图 2-10 科目前标注加减号

九、计算表的条件格式

当模型计算的时间跨度较大且时间单位设置较小时，模型的水平结构将会很长，此时可利用条件格式将不同阶段用不同的背景颜色标出，以清晰地表达时间阶段，如图 2-11 所示。

本半年度期末	30-6月-23	2023/6/30	2023/6/30	2023/6/30	2023/12/31	2024/6/30	2024/12/31
本月份数	6	6	6	6	12	6	12
本月份时间点	31-3月-23	2023/4/30	2023/5/31	2023/6/30	2023/7/31	2024/1/31	2024/7/31
期初日期	1-3月-23	2023/4/1	2023/5/1	2023/6/1	2023/7/1	2024/1/1	2024/7/1
期末日期	31-3月-23	2023/4/30	2023/5/31	2023/6/30	2023/12/31	2024/6/30	2024/12/31
全面生产时间点	-	-	-	-	-	-	-
运营时间点	-	-	-	-	1	1	1
建设期	1	1	1	1	-	-	-
生产期	-	-	-	-	-	-	-
运营期	-	-	-	-	1	1	1

图 2-11 以颜色标识区分不同时间段

十、表头设计

每一张计算表的表头部分，应该包含时间轴、时间系列的计数、时间条件的开关设置判定，并可以考虑使用“窗口冻结”工具。同时，上述信息不应在其他地方再次出现。

十一、切勿隐藏计算过程

切勿在财务模型中隐藏含有计算公式的行、列或单元格。如果为了打印效果而隐藏它们，请在打印完毕后取消隐藏。当然，也可以考虑在模型中使用分组工具来实现隐藏打印的效果。

十二、避免在计算页面内合并单元格

单元格作为 Excel 的基本存储单位，可以写入数据或编辑公式。如果对单元格进行合并，将破坏 Excel 的默认存储单元，使公式复制与链接引用出现错误，降低模型的稳定性与灵活性。

第七节　输出结果页

一、输出结果页的组成

输出结果表可以包括一系列的财务报表、敏感性分析与情景分析表、财务指标汇总表、错误检查汇总表等。作为总结页面，这里汇总了输入参数表和模型计算中的关键数据，并将模型的最终结果转化为表格形式或图表形式，以方便打印或轻松生成 Word 与 PPT 报告，如图 2-12 所示。

双敏感性因素分析						
				退出乘数		
	72.0	0.0%	0.5%	1.0%	1.5%	2.0%
WACC	8.0x	64.5	64.5	64.5	64.5	64.5
	9.0x	68.3	68.3	68.3	68.3	68.3
	10.0x	72.0	72.0	72.0	72.0	72.0
	11.0x	75.7	75.7	75.7	75.7	75.7
	12.0x	79.5	79.5	79.5	79.5	79.5

单敏感性因素分析						
		8.0x	9.0x	10.0x	11.0x	12.0x
股权价值	405,453.9	363,266.7	384,360.3	405,453.9	426,547.6	447,641.2
每股价格	72.0	64.5	68.3	72.0	75.7	79.5

图 2-12　敏感性分析表的形式

二、模型的检查汇总

尽管在财务模型的计算表中设置了详细的错误检查程序，仍需在模型输

出表中建立错误检查汇总表，用来集中反映模型的整体情况。例如，资产负债表的总资产等于负债及所有者权益，资金来源等于资金使用等。如图 2-13 所示，显示"FALSE"的地方表示模型中出现的数据不符合正常情况，需要进行调整。

图 2-13　模型检查页

三、选择合适的图表

为了形象地表达数据，模型开发人员应该用图表的形式表达模型结果。在选择图表时，仍要遵循简洁、透明的原则，切记不要使用 3D（三维）图。同样，在使用组合图时，其表达的数据不应过多，以避免不易理解。Excel 中的内嵌图表很多，财务模型中常用的图表仅有柱状图、折线图、面积图、瀑布图与龙卷风图（条形图的变种），对于其他类型的花哨图表，应避免使用。为了增强模型的灵活性与实用性，可以利用动态的区域命名实现图表的动态布局，如图 2-14 所示。

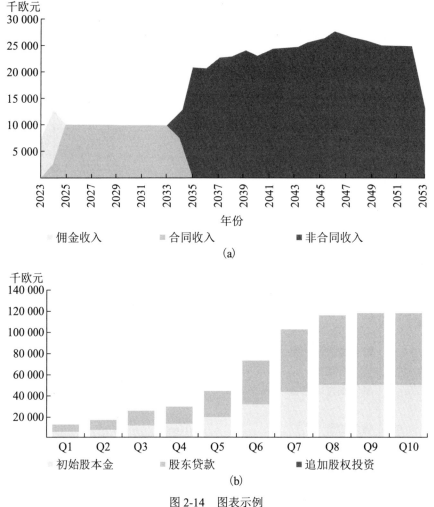

图 2-14 图表示例
（a）收入来源；（b）累计资本支出概况

四、输出结果不宜再作为输入及计算页面的数据来源

输出结果页面的结论性数据不应再作为其他工作表的数据来源，当删除输出结果表后，模型的其他工作表不应受到影响。

第八节 备注页

作为财务模型必不可少的组成部分，备注表中列示了模型的假设条件、全局性参数、自定义名称信息、计算说明、解决方案的优化措施或是模型开发过程中的阶段说明或假设条件变化依据等。虽然可以在具体的单元格附近标注出相关解释，但对于某些全局性假设及重要说明等，则需要在备注表中专门列出。

第九节　计算与函数

一、避免出现重复与无用的计算

模型由于更新或长时间使用，会形成一些无用的计算模块，请确保随时将无用的计算删除。

二、尽可能地进行公式链接

对任何一个财务模型，公式链接是实现灵活性与实用性的最基本原则，是实现模型 CAFE 准则的基石。

三、避免在链接上重复链接，形成"菊花链"

数据链接应直接引用自输入参数表，不应在计算表内引用次级数据形成嵌套链接，这种"菊花链"似的引用方式是一种效率低下、容易出错的做法，往往会使整个模型的计算链冗长且复杂，如果删除模型中的某一模块，其他与之无关的模块也会受其影响并报错。

四、同一行尽量使用相同公式

位于同一行的计算公式应该尽量保持一致，不仅仅便于建模时向右复制公式，更方便财务模型的检查，减少错误的发生。若实在无法避免要在某些单元格中改变公式，则应对变化的单元格设置特殊颜色，如字体设置为红色，以提示公式在此处发生了变化，避免在后期的模型维护或公式修改时忘记此处的特殊设置。

五、公式切勿过长

单元格内的公式不要过于复杂，公式嵌套最好不要超过 3 层。在遇到复杂的计算时，切勿试图通过一个公式完成全部计算，请将冗长的计算拆分成几个简单的步骤，通过添加"辅助计算行"来实现预期目的。

六、选择简单的函数

在财务模型中存在着非常多的逻辑判断，为了使模型尽量简化并加快运行速度，模型开发人员应该选择最简洁、最稳定的函数。如果模型中存在多层次的判断关系，则应避免使用 IF 函数，而可以考虑使用 AND、OR、MIN、MAX 等函数来代替，这将大幅加快模型的运行速度。

七、谨慎使用区域命名

尽管在 Excel 表格中设置区域命名是一种比较常见的做法，但对于大型复杂项目的财务模型而言，针对某区域设置自定义名称对于建模弊大于利。这样做除了耗费额外的时间和精力，还会遇到以下问题。

（1）如果要创建较多的自定义名称，为了将它们区分清楚，则会将名称写得很长或者是简化为很短的缩写。这样一来，一旦公式中引用这些自定义名称，那么计算公式就会变得非常难以理解。

（2）相比直接显示单元格的具体位置，通过自定义名称来追溯公式中的引用数据位置是更加困难的。

（3）随着自定义名称变得越来越长，滚动名称框花费的时间也会更多，建模效率会大打折扣。

（4）在查看含有自定义名称的公式时，光标无法自动锁定对应的单元格，同时公式中也没有该数据的具体位置，这大大削弱了财务模型的透明性。

（5）如果在自定义名称的区域范围内插入行或列，其对应的范围会自动发生变化，需要随时检查。如果它们被写入 VBA 代码，则更需要格外关注。

八、使用绝对引用时应该留意

考虑到模型中的计算模块有可能会进行复制，如果原来的计算中存在绝对引用，那么在复制后的公式中，原单元格的链接关系将保持不变。

九、避免使用 OFFSET 等不透明的函数

OFFSET 函数是一种不透明的查找函数，因此不建议使用。需要该功能时可以搭配 INDEX 与 MATCH 函数来代替，从而增强模型的可理解性。

十、避免创建过多的宏程序

非必要情况下，请尽量避免在财务模型中创建过多的宏程序。

十一、避免使用数组公式

除非为了解决某些复杂的循环计算而需要利用 VBA 自定义数组公式，否则不要在财务模型中使用数组公式。

十二、自定义名称的使用

在使用外部链接、基于独立于其他表格的数据创建数据验证下拉菜单或进行 VBA 编辑时，请使用必要的自定义名称，以增强模型的稳定性。

十三、累计求和的计算方式

财务模型会有大量的累计求和计算。在计算累计求和时，避免使用绝对引用与相对引用的组合方式创建公式，以避免在公式复制或范围变化时出现公式错误。请考虑使用"累计值＝期末余额＋当期增减值"的方式进行计算。

十四、用时间轴的逻辑判断符号代替 IF 函数

创建模型时对于与时间序列有关的逻辑判断，可以考虑使用"时间标志"与数据相乘的方式进行计算，以替代 IF 函数、加快模型的运行速度。

十五、公式中不宜出现局部范围的引用

如果在公式中存在局部范围的引用，当模型的时间轴延长或缩小后，引用范围将保持不变，此时公式会出现错误，另外在向右复制公式时也容易出现公式错误。这种情况多数出现在 INDEX 与 MATCH 等查找函数中。可以考虑在局部范围替换为整行查找，并采用 INDEX 函数与 MATCH 函数代替 LOOKUP 函数。

十六、行内的逆流计算

一般而言，所有的计算都是按从左至右的方向进行的。但是对于某些特殊的计算，如权益投资最大额的计算问题，往往需要从右向左计算。这就产生了一个问题：当时间轴延长或缩短后，需要手动调整本行计算公式的起始单元格。此时，模型开发人员应该用特殊的方式将此计算行标注出来，以便

模型更新时手动调整。

十七、避免使用 IFS 等新函数

Excel 2019 版增加了一些计算函数，但是考虑到理解的便利与版本兼容性，请尽量避免使用它们。

十八、使用 IFERROR 等抑制错误函数的注意事项

为了避免在模型中出现 #N/A 等问题，模型开发人员可能需要使用 IFERROR 等函数，请在使用它们的过程中多加留意，以避免抑制正常错误。

十九、避免空格与过多的括号

虽然 Excel 可以自动识别并放弃公式存在的空格，但在公式编辑时最好避免出现符号间的空格，并减少括号的使用次数。同时，用"-1*数值"的方式代替"-数值"的录入方式。

二十、采用 XIRR 函数计算内部收益率公式

在计算投资项目的内部收益率时，建议采用更为精确的 XIRR 函数来计算；当现金流的时间轴为年时，建议将时间节点设置在年中或是把时间轴调整为半年度的方式来计算内部收益率。

第十节　格式

一、格式字体

通常情况下，英文与数字可使用 Arial 字体，字体大小宜采用 11 号字。

数值中使用千位分隔符，并保留一位小数；负值设置为红色字体并添加括号。

合计汇总值用粗体表示，百分比数值用斜体表示。

对于输入变量，应采用颜色填充加以区分；利用缩进来表达数据之间的层级关系。

二、字体颜色

手动输入数据可以使用蓝色字体表示，公式链接数据可以使用黑色字体表示。

尽量不要把字体颜色设置为白色以致单元格内容显示为"不可见"，如果必须进行某项计算又不想破坏设计好的输出结果布局，可以将其放在便于查看又不显眼的其他地方。

三、框线

表格最上端和最下端可以使用粗线，表格中间使用最细的虚线即可。不建议对单元格进行合并处理，如果进行了单元格合并，应该用框线标出。

四、填充

推荐配色方案：①将手动输入数据所在的单元格背景标记为浅黄色；②用亮色填充标记还需要修改的单元格，这些单元格的数据被修正后，再消除背景颜色；③尽量避免将单元格背景设置成五颜六色，标记不同信息应选择素雅的颜色，或通过改变不同的颜色或字体来突出显示其他信息。

五、单位

数值单位可在标题栏右边单独填入，如千美元、兆瓦·时等。

六、对齐

文字靠左对齐，数字靠右对齐。

第十一节　建议类

一、使用 F9 键

在打印任何文件之前，请养成按 F9 键的习惯，以确保文件以最新的状态打印。

二、关闭工作簿时，将当前单元格移至 A1 单元格

当工作完成需要关闭工作簿时，请利用快捷键"Ctrl + Home"将所有工

作表内的当前活动单元格转移到页面的最上角（单元格 A1）。

三、打印纸质文件

在模型搭建过程中，长时间对着电脑屏幕很容易产生疲劳感。建议将完成的财务模型打印成纸质文件再进行详细检查。

四、记录模型开发过程

在模型构建过程中定期保存开发文档，这样在模型完成后便于团队其他人员使用。

可以使用 Excel 的批注功能，在单元格中添加注释来创建记录文档。

五、保证模型的美观

财务模型的输出结果通常是公司高管及董事会成员关注的重点，因此财务模型不仅需要正确的计算过程，还要通过形象的可视化方式将计算结果清晰地呈现出来，增强财务模型的可读性。

六、为每一个计算模块构建计算期初与期末余额表

为每一个计算模块创建各自的"期初与期末余额表"，利用此表进行计算模块的检测，构建最终的资产负债表。

七、"四只眼"原则

每一个财务模型完成后都需要由另外的人进行检查。在长时间高负荷工作下，同一人对财务模型计算形成固化思维，即使多次检查，也可能存在错误。因此，需要第二人对完成的财务模型进行检查，也是俗称的"四只眼"原则。

第十二节 禁止类

一、禁止在公式中输入常数数值

除 0 与 1 之外，禁止在公式中手动输入任何形式的常数数值，如所得税税率 25% 等。在计算公式中手动输入数值是财务建模中最常出现的不良习惯

之一。它不仅不利于模型的检查及审计，而且时间久了即便是模型开发人员都很可能会忘记原数值的正确意义，同时模型的其他使用者也难以理解其含义。

只有当常数 0 和 1 用于逻辑判断时才能在公式中使用。即便是那些默认的数值，如一年 12 个月、365 天等，也建议将它们作为输入参数列示在假设参数表内而非输入公式中。

二、禁止用关键字进行区域或单元格命名

TRUE、FASLSE、IF、SUM 等，这些关键字是 Excel 内嵌函数的名称，同时属于 Excel 的自有词汇，为了避免混淆，禁止以类似的关键字来进行单元格或区域自定义。

第三章

财务报表

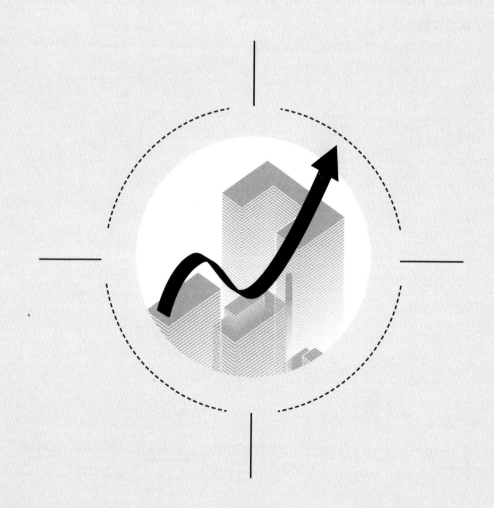

小案例

春节期间,张鑫回到山东老家探亲。他在与二婶闲聊期间,二婶抱怨炒股一直赔钱,买什么赔什么。张鑫问二婶是如何炒股的。二婶说就是刷抖音,关注一些抖音大V,还加入一些炒股群,里面有一些很厉害的老师。老师说买什么,自己就买什么,不知道为什么,群里经常有很多赚钱的朋友,但自己就是不知道为什么不赚钱,交的学费都有几千元了。张鑫问二婶,知道不知道自己买的上市公司的净利润有多少、资产负债率有多少、市盈率是多少。二婶说,自己从来没看过财务报表,也不懂,就是什么热买什么,特别是那些连续几个涨停板的股票,一看就特别强。

中国的资本市场需要耐心资本,而耐心资本最终获利的前提就是企业基本面良好,具有投资价值。企业的价值实现也最终会通过财务报表体现。因此,一个合格的投资者首先应该具备阅读财务报表的基本能力。

第一节 案例公司介绍

本书将以格力电器(000651.SZ)作为案例,来演示如何构建一个完整的现金流折现模型。我们将评估格力电器当前的财务状况,分析计算历史财务比率并预测其未来业绩,按照自由现金流折现的方式来计算企业价值,然后推导出股权价值及每股价值。本书选择格力电器作为案例,主要原因是格力电器属于家电制造,主营业务空调占比高达70%以上,商业模式及财务绩效驱动因素容易理解,适合作为初学者掌握财务模型构建方法的样例。[①]

格力电器成立于1989年,初期依靠组装生产家用空调起家,现在已发展

---

① 本书案例财务模型可关注注册估值师协会公众号CNCVA,在公众号内回复"财务模型估值",即可下载示例模型。

成一家多元化、科技型的全球工业集团，旗下拥有格力、TOSOT、晶弘三大消费品牌及凌达、凯邦、新元等工业品牌，产业覆盖消费和工业两大领域。消费领域覆盖家用空调、暖通空调、冰箱、洗衣机、热水器、厨房电器、环境电器、通信产品、智能楼宇、智能家居；工业领域覆盖高端装备、精密模具、冷冻冷藏设备、电机、压缩机、电容、半导体器件、精密铸造、基础材料、工业储能、再生资源，产品在190多个国家和地区销售。

格力电器在中央空调市场常年保持市场份额领先地位。根据奥维云网数据，2023年格力品牌家用空调线上零售额份额为28.15%，位居第一。根据i传媒发布的《2023年度中国中央空调行业发展报告》，2023年度格力以超200亿元的市场规模取得了中央空调行业主流品牌销售规模第一。近年来，公司不断完善生活电器品类产品线，逐步打造"好电器格力造"的产品形象。

财务模型的核心是三张报表，即利润表、资产负债表和现金流量表。学习财务模型构建，首先要掌握这三张报表基本科目的含义。

第二节 利润表

利润表，又称损益表，反映了企业在一定会计期间的经营活动和经营成果。体现企业经营成果的会计等式为：利润＝收入－成本（费用），这一会计等式是编制利润表的基础。表3-1是格力电器2023年度合并利润表的一部分。

表3-1 格力电器2023年度合并利润表（部分）

编制单位：珠海格力电器股份有限公司　　　　　　　　　　　　　　　　单位：元

项　目	附　注	2023年度	2022年度
一、营业总收入		205 018 123 834.21	190 150 672 542.13
其中：营业收入	五、55	203 979 266 387.09	188 988 382 706.68
利息收入	五、56	1 038 856 837.77	1 162 289 741.08
手续费及佣金收入		609.35	94.37
二、营业总成本		170 774 052 191.66	162 107 253 847.61
其中：营业成本	五、55	141 625 549 746.95	139 784 387 882.78
利息支出	五、56	126 399 291.44	82 118 835.96
手续费及佣金支出		503 529.63	423 034.83

续表

项　目	附注	2023 年度	2022 年度
税金及附加	五、57	2 114 184 492.83	1 612 243 409.40
销售费用	五、58	17 129 639 682.51	11 285 451 112.27
管理费用	五、59	6 542 161 037.82	5 267 999 733.62
研发费用	五、60	6 762 136 262.23	6 281 394 430.40
财务费用	五、61	−3 526 521 851.75	−2 206 764 591.65
其中：利息费用		2 962 205 439.75	2 836 743 431.08
利息收入		6 189 969 897.82	4 646 747 718.69
加：其他收益	五、62	900 669 135.95	879 809 512.05
投资收益（损失以"−"号填列）	五、63	217 156 605.23	86 883 941.74
其中：对联营企业和合营企业的投资收益		93 222 443.16	−3 324 287.24
以摊余成本计量的金融资产终止确认收益			
净敞口套期收益（损失以"−"号填列）			
公允价值变动收益（损失以"−"号填列）	五、64	437 583 988.72	−343 575 705.11
信用减值损失（损失以"−"号填列）	五、65	−824 045 112.30	−416 368 773.22
资产减值损失（损失以"−"号填列）	五、66	2 493 579 694.08	−966 679 009.51
资产处置收益（损失以"−"号填列）	五、67	382 923 791.69	608 425.71
三、营业利润（亏损以"−"号填列）		32 864 780 357.76	27 284 097 086.18
加：营业外收入	五、68	128 371 808.52	59 810 331.36
减：营业外支出	五、69	177 448 328.09	126 522 574.93
四、利润总额（亏损总额以"−"号填列）		32 815 703 838.19	27 217 384 842.61
减：所得税费用	五、70	5 096 680 924.60	4 206 040 489.50
五、净利润（净亏损以"−"号填列）		27 719 022 913.59	23 011 344 353.11

表 3-1 提供了格力电器 2022 年和 2023 年的财务数据，表中的"附注"一栏标出了对应科目在财务报表附注中的位置。如"营业外收入"科目，"附注"显示为"五、68"，代表可以在 2023 年年度报告财务报告章节说明的第五大项合并财务报表项目的第 68 小项找到该附注（年报第 207 页），参见表 3-2，从注释中我们了解到该科目包含"非流动资产损毁报废净收益""非经营相关的政府补助"及"其他"。

表 3-2 财务报表附注 元

项目	本期发生额	上期发生额	计入当期非经常性损益的金额
非流动资产毁损报废净收益	3 273 237.25	580 724.89	3 273 237.25
其中：固定资产毁损报废利得	3 273 237.25	580 724.89	3 273 237.25
非经营相关的政府补助	26 340 308.60	11 816 261.51	26 340 308.60
其他	98 758 262.67	47 413 344.96	98 758 262.67
合计	128 371 808.52	59 810 331.36	128 371 808.52

阅读财务报表附注对于理解财务报表的数据及构建模型非常重要，从表 3-1 可以看到，上市公司披露的利润表科目很多，而且格式看起来也比较复杂，报表附注的详细注释有助于对科目的理解和预测，特别是在进行报表常规化调整时，需要剔除非经常性项目。非经常性项目通常不能单单凭借科目名称进行判断，需要仔细阅读财务报表附注，才能确定某个科目是否属于经常性的科目。进行估值建模之前首先要进行财务报表的常规化调整，因为对未来的盈利预测是希望预测企业正常经营状态下的盈利，而一次性的偶然收入或亏损并不能持续，也就不会给未来的企业价值带来任何贡献。我们还会在第四章详细介绍财务报表常规化调整的方式。

财务报表预测的基础是企业的历史财务表现。在理想的情况下，构建财务模型需要以 3~5 年历史财务数据为基础。财务数据可以从上市公司披露的年报中获取。可以下载企业近 5 年的财务报表，并手动录入数据。也可以从专业数据库获得原始财务数据，本书以 Wind 金融数据终端为例进行图示说明，参考图 3-1。在从数据库导出财务数据时，可以对报告期、时间范围、货币单位等进行选择，会比从年报中摘录数据省时、省力，也避免了手动录入错误。当然，从专业数据库下载数据，也并不代表专业数据库的数据一定是正确的，为保险起见，还要与原始年报中披露的财务数据进行核对。

Wind 数据库对原始利润表数据进行了一定的处理，如将"营业总收入"下的"利息收入"和"手续费及佣金收入"合并为"其他类金融业务收入"，"利息支出"和"手续费及佣金支出"合并为"其他业务成本（金融类）"。

下面对利润表的一些主要科目进行说明，参见表 3-3。

报告期	2019-12-31	2020-12-31	2021-12-31	2022-12-31	2023-12-31
报表类型	年报	年报	年报	年报	年报
	合并报表	合并报表	合并报表	合并报表	合并报表
营业总收入	20,050,833.4	17,049,741.6	18,965,403.4	19,015,067.3	20,501,812.4
营业收入	19,815,302.8	16,819,920.4	18,786,887.5	18,898,838.3	20,397,926.6
其他类金融业务收入	235,530.6	229,821.1	178,515.9	116,229.0	103,885.7
营业总成本	17,072,357.4	14,626,068.2	16,352,184.8	16,210,725.4	17,077,405.2
营业成本	14,349,937.3	12,422,940.4	14,225,163.9	13,978,438.6	14,162,555.0
税金及附加	154,298.4	96,460.1	107,666.4	161,224.1	211,418.4
销售费用	1,830,981.2	1,304,324.2	1,158,173.6	1,128,545.1	1,712,964.0
管理费用	379,564.6	360,378.3	405,124.1	526,800.0	654,216.1
研发费用	589,122.0	605,256.3	629,671.6	628,139.4	676,213.6
财务费用	-242,664.3	-193,750.5	-226,020.2	-220,676.5	-352,652.2
其中: 利息费用	159,827.6	108,836.9	175,211.2	283,674.3	296,220.5
减: 利息收入	369,838.7	370,831.3	424,245.0	464,675.4	618,997.0
其他业务成本(金融类)	11,118.3	30,496.4	52,405.5	8,254.2	12,690.3
加: 其他收益	93,614.9	116,412.0	83,217.7	87,981.0	90,066.9
投资净收益	-22,663.5	71,301.0	52,206.3	8,688.4	21,715.7
其中: 对联营企业和合营企业的投资收益					
以摊余成本计量的金融资产终止确认收益	-2,098.3	3,531.4	5,159.5	-332.4	9,322.2
净敞口套期收益					
公允价值变动净收益	22,826.4	20,015.3	-5,813.1	-34,357.6	43,758.4
资产减值损失	-84,289.3	-46,627.0	-60,616.1	-96,667.9	-249,356.0
信用减值损失	-27,944.9	19,282.5	-15,098.1	-41,636.9	-82,404.5
资产处置收益	491.1	294.6	621.2	60.8	38,292.4
汇兑净收益					
加: 营业利润调整(特殊报表科目)					
营业利润调整(合计平衡项目)					
营业利润	2,960,510.7	2,604,351.8	2,667,736.5	2,728,409.7	3,286,478.0

图 3-1 Wind 界面 - 格力电器历史 5 年合并利润表

表 3-3 利润表的科目说明

科目	说明
营业收入	企业在从事生产经营活动时产生的收入，如销售商品、提供劳务和让渡资产使用权等 分为主营业务收入和其他业务收入
营业成本	企业从事生产经营活动时所产生的各项成本 分为主营业务成本和其他业务成本，与主营业务收入和其他业务收入相对应
税金及附加	企业经营活动发生的消费税、城市维护建设税、资源税和教育费附加、房产税、车船税、城镇土地使用税、印花税等相关税费
销售费用	企业销售商品和材料、提供劳务的过程中发生的各种费用 包括保险费、包装费、展览费和广告费、商品维修费、运输费、装卸费等，以及为销售本企业或提供劳务而专设的销售机构的职工薪酬、业务费、折旧费等经营费用
管理费用	企业行政管理部门为组织和管理生产经营活动而发生的各项费用 包括企业在筹建期间内发生的开办费、董事会和行政管理部门在企业的经营管理中发生的或者应由企业统一负担的公司经费、工会经费、董事会费、业务招待费、聘请中介机构费、咨询费、诉讼费、技术转让费等
研发费用	企业自行研发的无形资产，区分研究阶段和开发阶段，归属于研究阶段的成本或无法区分属于研究阶段还是开发阶段的成本，应当费用化计入当期损益，此前计入管理费用，现在计入研发费用

续表

科　目	说　明
财务费用	企业为筹集生产经营所需资金等而发生的筹资费用 包括利息支出（减利息收入）、汇兑损益以及相关手续费、企业发生的现金折扣或收到的现金折扣等
其他收益	反映计入其他收益的政府补助，以及其他与日常活动相关且计入其他收益的项目 企业作为个人所得税的扣缴义务人，收到的扣缴税款手续费，作为其他与日常活动相关的收益在该项目填列
投资净收益	指企业在一定的会计期间对外投资所取得的回报
净敞口套期收益/损失	反映净敞口套期下被套期项目累计公允价值变动转入当期损益的金额或现金流量套期储备转入当期损益的金额
公允价值变动收益/损失	与以公允价值计量的资产或负债的公允价值变动有关 比如采用公允价值模式计量的投资性房地产持有期间公允价值的变动可以计入该科目
信用减值损失	反映企业计提的各项金融工具信用减值准备所确认的信用损失
资产减值损失	因资产的账面价值高于其可回收金额而造成的损失
资产处置收益/损失	主要反映企业出售划分为持有待售的非流动资产（金融工具、长期股权投资和投资性房地产除外）或处置时确认的处置利得或损失，以及处置划分为持有待售的固定资产、在建工程、生产性生物资产及无形资产而产生的处置利得或损失
营业外收入	企业发生的与其生产经营活动无直接关系的各项经济利益流入 包括非流动资产处置利得、非货币性资产交换利得、债务重组利得、政府补助、盘盈利得、捐赠利得
营业外支出	企业发生的与其生产经营活动无直接关系的各项经济利益流出 包括非流动资产处置损失、非货币性资产交换损失、债务重组损失、公益性捐赠支出、非常损失、盘亏损失
营业利润	主要指企业在销售商品、提供劳务等日常生产经营活动中所产生的利润
利润总额	利润总额＝营业利润＋营业外收入－营业外支出
所得税费用	企业确认的应从当期利润总额中扣除的所得税费用 包括当期应交所得税和递延所得税两部分
净利润	净利润＝利润总额－所得税费用
少数股东损益	公司合并报表的子公司其他非控股股东享有的损益，需要在利润表中予以扣除，它是一个流量概念，其对应的存量概念是资产负债表中的"少数股东权益"。 在控股合并形式下，子公司的净利润（损失）中属于少数股东的部分。在母公司未持有子公司全部股份时，子公司实现的净利润（损失）多数应确认为母公司的投资收益，而另外少数部分则是少数股东损益，其数额为少数股权比例与子公司净利润（损失）的乘积

续表

科　目	说　明
基本每股收益	基本每股收益（basic EPS）＝当年净利润／加权平均流通在外的普通股股数 年度内流通在外的股数可能会由于股票的增发或回购而发生变化，年度加权平均股数＝流通在外股数×持有这些股数的时间占年度的比例
稀释每股收益	稀释每股收益（diluted EPS）是以基本每股收益为基础，假设企业所有发行在外的潜在形式证券（如可转债或认股权证）均转换为普通股，从而分别调整归属于普通股股东的当期净利润以及发行在外的普通股的加权平均数计算而得的每股收益
其他综合收益的税后净额	反映企业根据企业会计准则规定未在损益中确认的各项利得和损失扣除所得税影响后的净额
综合收益总额	反映企业净利润与其他综合收益的合计金额

一、利润表科目分类

原始利润表科目众多，估值师需要对明细科目进行合理归类，以便进行后续分析。科目分类能让估值师了解利润表中驱动公司盈利的主要科目类别，以便进一步比较不同公司的盈利能力，这也是确定目标公司相对价值的一项重要分析工作。

下面用一个简单的利润表来说明如何对标准利润表科目进行分类，同时，也会对合计科目计算公式和比率计算进行解释说明。

二、收入

收入（销售收入或营业收入）为利润表首行科目，在"被实现或获得"时予以确认，通常是在完成商品的销售或者提供某项服务的时候确认。销售收入是公司获得利润或是现金流的首要驱动因素，因此销售收入预测在估值建模中是最为关键的一个环节。

三、销货成本

销货成本（营业成本）是指与公司产品销售直接相关的成本，这些成本与收入最直接相关，即企业销售商品和提供劳务等日常活动发生的成本，包括直接材料、制造费用等。需要特别说明的一点是，标准的利润表中并没有单独列示折旧费用，是因为折旧费用已经包括在相关的科目里面，如制造费用包括车间生产用固定资产的折旧费，管理费用里面的折旧费包括与管理相关的办公设备、家具、电脑、车辆等固定资产折旧。

四、毛利润

毛利润为合计科目，等于收入与销货成本的差值。用毛利润除以收入等于毛利率，这是一个常用的财务分析指标。

假设甲公司为一家玩具销售公司。2023年年度营业收入为50万元，营业成本为30万元，毛利润等于20万元，毛利率为40%，参见表3-4。

毛利率 = 毛利润 / 营业收入

表 3-4　毛利率计算

利润表 / 元	2023 年度
营业收入	500 000
营业成本	300 000
毛利润	**200 000**
毛利率	*40%*

五、营业费用

营业费用是指一家公司在进行正常的商业运转时发生的费用。这是一项与公司创收有关且用于支撑公司运转的间接费用。营业费用可被细分为多个不同类别，包括销售费用、管理费用和研发费用等。

税金及附加是指企业经营活动应负担的相关税费，在利润表中单独列示，包括消费税、城市维护建设税、教育费附加、资源税、房产税、城镇土地使用税、车船税、印花税等。注意，税金及附加不包含增值税，其属于价外税，不影响企业的经营利润；税金及附加也不包含企业所得税，所得税在单独科目核算。

回到前面甲公司的例子，假设2023年度支付税金及附加费用10 000元、销售费用20 000元、管理费用15 000元以及研发费用5 000元，公司的总营业费用为50 000元，参见表3-5。

表 3-5 营业费用

利润表 / 元	2023 年度
营业收入	500 000
营业成本	300 000
毛利润	**200 000**
毛利率	*40%*
营业费用	
税金及附加	10 000
销售费用	20 000
管理费用	15 000
研发费用	5 000
总营业费用	**50 000**

六、EBITDA 和 EBIT

EBITDA（息税折旧摊销前利润）是一项备受估值师关注的财务指标，被广泛用于估值分析中。

EBITDA 有两种计算方式：一种为直接法，由"收入－剥离折旧摊销的营业成本－剥离折旧摊销的营业费用"得到；另一种为间接法，由"EBIT+折旧摊销"计算。在本书中，将采用间接法，因为标准财务报表中，折旧摊销科目不会在利润表中单独列出，而是分别包含在营业成本、管理费用、销售费用等成本和费用中。如果使用直接法计算，需要将折旧摊销从相关科目中剥离出来，但是我们通常无法得知折旧摊销在各个不同科目中的数额，因此对估值师来说，使用间接法进行计算比较严谨和简便。对折旧和摊销的金额虽然没有直接体现在利润表中，但可以在现金流量表中找到这个科目。

我们也可以参照毛利率的计算方式，来计算 EBITDA 的利润率：

EBITDA 利润率 =EBITDA/ 营业收入

在甲公司的案例中，根据公式"EBIT= 毛利润－营业费用"，计算出 EBIT（息税前利润），为 15 万元，并计算 EBIT 利润率：

EBIT 利润率 =EBIT/ 营业收入

假设我们从现金流量表中得知折旧摊销金额为 20 000 元，EBITDA=EBIT+ 折旧摊销，得到 EBITDA 为 170 000 元，参见表 3-6。

表 3-6　EBITDA 利润率

利润表 / 元	2023 年度
营业收入	500 000
营业成本	300 000
毛利润	**200 000**
毛利率	*40%*
税金及附加	10 000
销售费用	20 000
管理费用	15 000
研发费用	5 000
总营业费用	**50 000**
EBIT	150 000
EBIT 利润率	*30%*
EBIT	150 000
折旧摊销	20 000
EBITDA	**170 000**
EBITDA 利润率	**34%**

七、其他收益

其他收益不能算在营业收入里，因为它们属于不同的收益类型，具有不同的经济性质和来源。营业收入是企业在生产经营活动中因销售产品或提供劳务而取得的各项收入，包括主营业务收入和其他业务收入。主营业务收入是指企业通过主要经营活动所获取的收入，而其他业务收入是指企业主营业务收入以外的所有通过销售商品、提供劳务收入及让渡资产使用权等日常活动中所形成的经济利益的流入。其他收益不属于营业收入的范畴，而属于非经营性质的收益，如财政拨款、政府补助等，这些收益并不是通过企业的销售产品或提供劳务活动取得的。因此，其他收益与营业收入是两个相互独立的科目，具有不同的经济性质和来源，不应混淆。对于这部分收益是否可以列为企业可持续性的收入来源，在未来收益预测当中继续假设获取相关收益，则需要根据科目性质、历史情况来综合判断。

八、利息

利息由利息费用和利息收入两部分组成。利息费用是指公司债务的成本。

利息收入是指公司储蓄账户中的现金、定期存单以及其他投资产生的利息。

标准利润表中的财务费用是指利息费用与利息收入相抵后的净值。

九、非经常性项目

非经常性项目和特殊性项目或事件产生的费用或收益是一次性的，并且与日常核心经营业务无关。在标准利润表中，诸如此类的非经常性项目和特殊性项目可能分散在利润表的各个科目中，包括"资产减值损失""公允价值变动收益""投资收益""营业外收入"和"营业外支出"等科目。因此，对于一位优秀的估值师而言，将这些分散的非经常性项目辨别出来，并将其调整至EBIT科目之后，以便得出能反映公司日常持续经营状况的EBITDA和EBIT。这些科目与公司的核心业务无关，可以简单预测或者不预测。区分核心业务与非核心业务是为了更好地对公司价值进行分析，需要调整哪些非经常性科目，需要估值师自己判断。

十、EBT

EBT（税前利润）由"EBIT-财务费用－非经常性损失/（收益）"得到。

假设甲公司2023年度的财务费用为50 000元，得到税前利润为100 000元，参见表3-7。

表3-7 税前利润

利润表/元	2023 年度
营业收入	500 000
营业成本	300 000
毛利润	**200 000**
毛利率	*40%*
税金及附加	10 000
销售费用	20 000
管理费用	15 000
研发费用	5 000
总营业费用	**50 000**
EBIT	**150 000**
EBIT 利润率	*30%*
财务费用	50 000

续表

利润表 / 元	2023 年度
EBT	100 000
EBIT	150 000
折旧摊销	20 000
EBITDA	170 000

十一、所得税

所得税是基于税前利润征收的,在甲公司的案例里,假设所得税税率为 25%,所得税为 25 000 元。

十二、净利润

净利润 = 税前利润 − 所得税,得到净利润为 75 000 元。同时,可以算出净利润率(也可以简称为净利率)。

$$净利润率 = 净利润 / 营业收入$$

甲公司的完整利润表参见表 3-8。

表 3-8 完整利润表

利润表 / 元	2023 年度
营业收入	500 000
营业成本	300 000
毛利润	**200 000**
毛利率	*40%*
税金及附加	10 000
销售费用	20 000
管理费用	15 000
研发费用	5 000
总营业费用	**50 000**
EBIT	**150 000**
EBIT 利润率	*30%*
财务费用	50 000
EBT	**100 000**
所得税	25 000
税率	*25%*
净利润	**75 000**

续表

利润表/元	2023年度
净利率	*15%*
EBIT	**150 000**
折旧摊销	20 000
EBITDA	**170 000**
EBITDA 利润率	**34%**

第三节　资产负债表

资产负债表衡量一家公司在某个时间点上的资产和负债情况，就好比拍照片，其反映的是报告期的瞬间财务状况。

资产负债表必须是"平衡"的，也就是说，资产必然等于负债与所有者权益之和，即资产负债表恒等式永远成立：

$$资产 = 负债 + 所有者权益$$

资产负债表的恒等式也可以理解为资产的使用等于资金的来源，左边的资产为资金的使用，右边的负债和所有者权益为资金的来源。在其他科目不变的情况下，资产的增加意味着公司需要支付现金来购买资产，这意味着现金的流出和减少；反之亦然。同理，在其他科目不变的情况下，增加或发行新债务或进行股权融资，意味着公司获得现金，即现金流入和增加；反之亦然。资产负债表科目变化与现金变化可以总结为表 3-9。

表 3-9　资产负债表科目变化与现金变化（货币资金除外）

资产负债表科目变化	现金变化
资产增加	现金减少
资产减少	现金增加
负债或股东权益增加	现金增加
负债或股东权益减少	现金减少

资产负债表的科目，按照其流动性，资产分为流动资产和非流动资产；负债分为流动负债和非流动负债；所有者权益分为投入资本和留存收益。在资产负债表上，资产按其变现能力进行排列，变现速度快的排列在前，变现

速度慢的排列在后；负债按其偿还期限的长短排列，偿还期限短的排在前，偿还期限长的排在后；所有者权益按永久性递减排列。表 3-10 为格力电器 2023 年度合并资产负债表。

表 3-10　格力电器 2023 年度合并资产负债表

编制单位：珠海格力电器股份有限公司　　　　　　　　　　　　单位：元

项　　目	附注	2023 年 12 月 31 日	2023 年 1 月 1 日
流动资产：			
货币资金	五、1	124 104 987 289.62	157 484 332 251.39
拆出资金			
交易性金融资产	五、2	9 614 423 403.40	157 484 332 251.39
衍生金融资产	五、3	108 919 513.22	
应收票据	五、4	87 340 130.52	6 818 428.95
应收账款	五、5	16 099 477 117.56	14 824 742 623.45
应收款项融资	五、7	10 176 089 668.41	28 427 310 345.20
预付款项	五、8	2 492 647 395.31	2 344 668 845.48
其他应收款	五、9	826 558 622.42	804 277 958.80
其中：应收利息			
应收股利		19 936 649.83	1 260 498.66
买入返售金融资产	五、10	3 932 338 954.49	
存货	五、11	32 579 140 028.70	38 314 176 763.90
合同资产	五、6	838 812 133.65	1 047 739 817.94
持有待售资产			
一年内到期的非流动资产	五、12	2 411 633 459.29	3 314 191 633.19
其他流动资产	五、13	24 868 941 754.15	4 704 576 940.64
流动资产合计		228 141 309 470.74	255 140 038 972.46
非流动资产：			
发放贷款和垫款	五、14	543 726 609.23	719 799 280.27
债权投资	五、15	1 150 744 482.05	150 351 500.00
其他债权投资	五、16	16 363 841 665.96	14 340 348 882.97
长期应收款	五、17	62 185 327.12	116 084 973.52
长期股权投资	五、18	4 488 967 031.20	5 892 290 568.81
其他权益工具投资	五、19	3 864 865 509.37	4 669 455 797.90
其他非流动金融资产	五、20		4 428 003 204.49
投资性房地产	五、21	633 262 161.10	634 689 201.98

续表

项　　目	附注	2023年12月31日	2023年1月1日
固定资产	五、22	34 034 829 116.47	33 817 019 391.36
在建工程	五、23	6 563 911 378.94	5 966 678 892.16
使用权资产	五、24	842 250 508.12	207 344 779.05
无形资产	五、25	10 827 694 521.82	11 621 853 071.43
开发支出			
商誉	五、26	1 452 496 852.11	1 659 358 399.03
长期待摊费用	五、27	24 275 474.94	22 862 393.90
递延所得税资产	五、28	16 561 437 021.81	14 644 877 571.11
其他非流动资产	五、29	42 498 105 445.39	1 039 712 699.26
非流动资产合计		**139 912 593 105.63**	**99 930 730 607.24**
资产总计		**368 053 902 576.37**	**355 070 769 579.70**
流动负债：			
短期借款	五、31	26 443 476 388.52	52 895 851 287.92
拆入资金			
交易性金融负债			
衍生金融负债	五、32	4 079 919.91	184 811 894.98
应付票据	五、33	23 741 128 400.12	38 609 900 819.74
应付账款	五、34	41 147 359 221.95	32 856 071 488.87
预收款项			
合同负债	五、35	13 588 771 210.88	14 972 336 715.45
卖出回购金融资产款			
吸收存款及同业存放	五、36	254 616 899.35	219 111 069.61
应付职工薪酬	五、37	4 288 611 386.29	3 897 862 091.84
应交税费	五、38	4 337 631 560.28	3 819 424 639.48
其他应付款	五、39	5 513 266 516.82	10 912 406 666.89
其中：应付利息			
应付股利		5 572 388.92	5 620 664 762.67
持有待售负债			
一年内到期的非流动负债	五、40	20 605 521 073.03	255 342 537.57
其他流动负债	五、41	61 058 837 178.77	57 748 817 603.24
流动负债合计		**200 983 299 755.92**	**216 371 936 815.59**
非流动负债：			
长期借款	五、42	39 035 742 535.09	30 784 241 211.21

续表

项　　目	附注	2023年12月31日	2023年1月1日
应付债券			
其中：优先股			
永续债			
租赁负债	五、43	767 007 951.92	146 836 620.66
长期应付款	五、44	27 028 498.30	104 644 415.20
长期应付职工薪酬	五、45	195 057 663.00	175 712 728.00
预计负债			
递延收益	五、46	3 527 855 598.12	3 340 211 330.23
递延所得税负债	五、28	2 871 757 157.58	2 271 138 444.62
其他非流动负债			
非流动负债合计		**46 424 449 404.01**	**36 822 784 749.92**
负债合计		**247 407 749 159.93**	**253 194 721 565.51**
股东权益：			
股本	五、47	5 631 405 741.00	5 631 405 741.00
其他权益工具			
其中：优先股			
永续债			
资本公积	五、48	1 352 522 393.67	496 102 011.66
减：库存股	五、49	4 942 723 911.44	5 643 935 587.86
其他综合收益	五、50	275 538 293.30	2 042 901 605.04
专项储备	五、51	26 969 643.44	25 845 351.28
盈余公积	五、52	1 731 130 024.40	2 241 118 692.92
一般风险准备	五、53	507 223 117.40	507 223 117.40
未分配利润	五、54	112 211 650 801.62	91 458 073 960.81
归属于母公司股东权益合计		116 793 716 103.39	96 758 734 892.25
少数股东权益		3 852 437 313.05	5 117 313 121.94
股东权益合计		**120 646 153 416.44**	**101 876 048 014.19**
负债和股东权益总计		**368 053 902 576.37**	**355 070 769 579.70**

公司的原始资产负债表科目比较多，如同利润表一样，可以参考第二列给出的附注，从相关注释对一些科目进行了解。如果想避免手动摘录数据，可以从 Wind 等金融数据终端直接导出资产负债表原始数据，参见图 3-2。

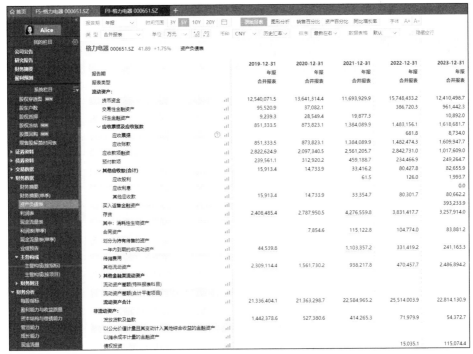

图 3-2　Wind 界面 - 格力电器历史 5 年合并资产负债表

对资产负债表的一些主要科目进行说明，参见表 3-11。

表 3-11　资产负债表的科目说明

科　　目	说　　明
货币资金	流动性最强的资产，包括现金（即库存现金）、银行存款和其他货币资金
交易性金融资产	主要是指企业为了近期内出售而持有的金融资产，如企业以赚取差价为目的从二级市场购入的股票、债券等
衍生金融资产	在资产负债表日公允价值为正的衍生金融工具，包括远期合同、期货合同、互换和期权等
应收票据	企业因销售商品、材料、提供劳务等而收到的商业汇票，包括商业承兑汇票和银行承兑汇票
应收账款	企业因销售商品、材料和提供劳务等，应向购货单位收取但还未收到的款项
应收款项融资	反映资产负债表日以公允价值计量且其变动计入其他综合收益的应收票据和应收账款等
预付款项	企业还未收到货物但已按照合同规定预付给供应单位的款项
其他应收款	用于核算资产负债表其他项目未核算的应收及暂付项目
存货	包括各类材料、在产品、半成品、产成品或库存商品以及包装物、低值易耗品、委托加工物资等

续表

科　目	说　明
合同资产	企业已向客户转让商品而有收取对价的权利，且该权利取决于时间流逝之外的其他因素。如果企业在向客户销售商品的过程中，已经交付了其中一项商品，因此有权收取款项，但收取该款项还取决于企业交付另一项商品，那么企业应当将该收款权利作为合同资产来处理。合同资产与应收账款的主要区别在于，应收账款代表的是企业无条件收取合同对价的权利，而合同资产并不是一项无条件收款权，它还取决于其他条件（例如，履行合同中的其他履约义务）才能收取相应的合同对价
持有待售资产	企业有明确计划出售的非流动资产
一年内到期的非流动资产	企业将于一年内到期的非流动资产，包括一年内到期的持有至到期投资、长期待摊费用和一年内可收回的长期应收款
其他流动资产	核算资产负债表其他项目未核算的流动资产项目
债权投资	为取得债权所进行的投资，如购买公司债券、购买国库券等
其他债权投资	其他债权投资是指企业在金融市场上购买的、以其他债权类资产为基础的投资品种。这些债权类资产通常包括银行出具的贴现票据、金融票据、中介凭证、股票相关负债等。在会计处理上，其他债权投资属于资产类科目，按照《企业会计准则第22号——金融工具确认和计量》的规定，这类资产是以公允价值计量的，并且其价值变动会计入其他综合收益。与债权投资相比，其他债权投资的特点是其价值变动会反映在其他综合收益中，而债权投资则通常以摊余成本计量，其交易目的仅是收取合同现金流量。其他债权投资的交易目的既包括收取合同现金流量，也包括可能出售金融资产
长期应收款	通常包括融资租赁产生的应收款项、销售商品和提供劳务等经营活动产生的应收款项中采用递延方式分期收款、实质上具有融资性质的部分
长期股权投资	通过投资取得的被投资单位的股份，主要包括对子公司投资、对合营企业投资、对联营企业投资
其他权益工具投资	核算企业指定为以公允价值计量且其变动计入其他综合收益的非交易性权益工具投资
其他非流动性金融资产	核算企业指定为以公允价值计量且其变动计入当期损益的金融资产
投资性房地产	为赚取租金或资本增值，或两者兼有而持有的房地产，包括已出租的土地使用权、持有并准备增值后转让的土地使用权、已出租的建筑物等
固定资产	企业为生产商品、提供劳务出租或经营管理而持有的、使用寿命超过一个会计年度的有形资产，包括厂房、生产设备、办公设备、运输工具等
在建工程	正在建设、尚未竣工投入使用的建设项目，一旦建设项目投入使用，就需要从在建工程转入固定资产或无形资产等

续表

科　目	说　明
生产性生物资产	为产出农产品、提供劳务或出租等目的而持有的生物资产，包括经济林、薪炭林、产畜和役畜等
油气资产	油气开采企业所拥有或控制的井及相关设施和矿区权益
使用权资产	承租人可在租赁期内使用租赁资产的权利
无形资产	企业拥有或者控制的没有实体形态的可辨认非货币性资产，包括专利权、非专利技术、商标权、著作权、土地使用权、特许权等
开发支出	是指符合资本化条件的开发阶段的支出，未达到预定用途时开发支出科目有余额，达到预定用途时，一次性结转到无形资产科目
商誉	在企业合并中形成的，等于企业合并成本大于合并中取得的各项可辨认净资产价值的差额，商誉属于不可辨认资产
长期待摊费用	企业已经支出，但摊销期限在一年以上的各项费用，包括开办费、固定资产修理支出、租入固定资产的改良支出等
递延所得税资产	企业根据所得税准则确认的可抵扣暂时性差异产生的所得税资产、根据税法规定可用以后年度净利润弥补的亏损及税款抵减产生的所得税资产
其他非流动资产	核算资产负债表其他项目未核算的非流动资产项目
短期借款	企业在一年内（包含一年）要向银行或其他金融机构偿还的借款，主要包括经营周转借款、临时借款、票据贴现借款、卖方信贷和专项储备借款等
交易性金融负债	企业采用短期获利模式进行融资所形成的负债，如应付短期债券
衍生金融负债	在资产负债表日公允价值为负的衍生金融工具
应付票据	企业因购买材料、商品和接受劳务供应等开出、承兑的商业汇票，包括银行承兑汇票和商业承兑汇票
应付账款	企业因购买材料、商品和接受劳务供应等经营活动应支付的款项
预收款项	企业按照合同规定向购货单位预收的款项
合同负债	企业已收或应收客户对价而应向客户转让商品的义务
应付职工薪酬	企业根据有关规定应付给职工的各种薪酬，包括从净利润中提取的职工奖励及福利基金
应交税费	企业按照税法规定计算应交纳的各种税费，包括增值税、消费税、所得税、资源税、城建税、房产税等
其他应付款	用于核算资产负债表其他项目未核算的应付、暂收项目
持有待售负债	是指企业在进行资产重组、业务整合或处置过程中，计划将其出售的负债。这类负债通常与持有待售的非流动资产相关联，因为企业在进行资产出售时，往往也会考虑将相关的负债一并处理
一年内到期的非流动负债	反映企业各种非流动负债在一年之内到期的金额，包括一年内到期的长期借款、长期应付款和应付债券等
其他流动负债	核算资产负债表其他项目未核算的流动负债项目

续表

科　目	说　明
长期借款	企业向银行或其他金融机构借入的期限在一年以上（不含一年）的各项借款
应付债券	企业为筹集长期资金而发行的债券的本金和利息，企业发行的可转换公司债券，应对负债和权益成分进行分拆，分拆后形成的负债成分在本科目核算
租赁负债	新租赁准则下的产物，即承租人在租入资产确认使用权资产的同时确认租赁负债，不管是经营租赁还是融资租赁，均要在资产负债表列示，它等于按照租赁期开始日尚未支付的租赁付款额的现值
长期应付款	在较长时间内应付的款项，是指除了长期借款和应付债券以外其他各种长期应付款
预计负债	根据或有事项等相关准则确认的各项预计负债，包括对外提供担保、未决诉讼、产品质量保证、重组义务以及固定资产和矿区权益弃置义务等产生的预计负债
递延收益	指按照权责发生制原则尚待确认的收入或者收益，也就是暂时未确认的收益，包括政府补助、未实现售后租回收益、其他涉及递延的营业收入
递延所得税负债	企业根据所得税准则确认的应纳税暂时性差异产生的所得税负债
其他非流动负债	核算资产负债表其他项目未核算的非流动负债项目
实收资本（股本）	企业所有者的投资，只要股东投资不发生变化（如股票股利、资本公积转增股本等情况），实收资本就会不变化
其他权益工具	反映企业发行的除普通股以外分类为权益工具的金融工具的账面价值，并在其下增设"优先股"和"永续债"两个项目
资本公积	投资者或他人向企业投入，但不构成股本或实收资本的资本金，包括资本溢价和其他资本公积（如接受捐赠资产、拨款转入、外币资本折算差额等）
库存股	是指由企业购回而没有注销、并由该企业持有的已发行股份，可供再行出售或注销之用
其他综合收益	反映企业根据企业会计准则规定未在损益中确认的各项利得和损失扣除所得税影响后的净额
专项储备	用于核算高危行业企业按照规定提取的安全生产费以及维持简单再生产费用等具有类似性质的费用
盈余公积	公司按照规定从净利润中提取的各种积累资金，通常用于弥补亏损或生产经营发展等，分为法定盈余公积和任意盈余公积 企业当年实现的净利润，分配步骤为：提取法定盈余公积→提取任意盈余公积→向股东分配股利 法定公积金不足以弥补以前年度亏损的，在提取法定公积金前，应当先用当年利润弥补亏损 法定盈余公积提取为净利润的10%，当法定公积金累计额为公司注册资本的50%以上的，可以不再提取；任意盈余公积由股东会或者股东大会决议，法律没有强制性规定

续表

科　目	说　明
未分配利润	企业在完成利润分配后剩余的一部分利润，是企业可以任意支配使用的
少数股东权益	少数股东权益是集团合并资产负债表特有的项目，反映的是其他投资者对子公司享有的所有者权益。一般情况下，集团母公司对子公司持股比例超过50%，即可将子公司报表纳入合并报表。将子公司报表纳入合并报表，反映的是对子公司报表项目的控制。而控制并不意味着对子公司全部所有者权益的占有，少数股权权益反映的就是集团母公司不占有的那部分权益

第四节　现金流量表

现金流量表能够反映公司创造的实际现金流。无论是投资人还是债权人，最关心的都是公司现金流的健康状况，因为严重的现金短缺会对公司为增长筹集资金或履行未来偿债义务的能力造成严重影响。我们可以将现金流量表划分为三个部分。

第一部分称为"经营活动产生的现金流"，它反映的是与企业日常经营有关的现金流量。经营活动产生的现金流有两种计算方法：直接法和间接法。在对现金流量表进行预测时，我们将采用间接法来预测经营活动产生的现金流。这种方法以净利润为基础，对利润表中列示的所有非现金费用进行调整，其中包括折旧摊销。资产负债表中与公司经营活动相关的变更，如递延所得税资产/负债的变动和营运资本变动，也需要在计算经营活动现金流量时予以调整。按照我国会计准则，财务费用（利息费用和利息收入）不属于经营活动产生的现金流，所以要在净利润的基础上将财务费用加回。

第二部分称为"投资活动产生的现金流"，主要为购置资产、土地或收购其他公司而支付的现金。此外，投资收益、出售资产或处置子公司收到的现金也包括在其中。

第三部分称为"筹资活动产生的现金流"，与公司筹集资金的方式有关。这个部分需考虑与债务和股权持有人相关的所有现金变动，包括支付股息、支付利息、发行或偿还债务以及股票的发行或回购等。

将上述三个部分计算的现金流净额加在一起，即可得到会计期间创造的净现金流总额。此期间的现金流也被称为会计期间现金变动总额，将这个数字与期初资产负债表中的现金余额相加，即可得到期末资产负债表的现金余额，表 3-12 为格力电器 2023 年度合并现金流量表。

表 3-12　格力电器 2023 年度合并现金流量表

编制单位：珠海格力电器股份有限公司　　　　　　　　　　　　单位：元

项　目	附　注	2023 年度	2022 年度
一、经营活动产生的现金流量：			
销售商品、提供劳务收到的现金		222 450 716 185.76	191 722 692 750.88
客户存款和同业存放款项净增加额		35 681 305.16	36 042 751.33
向中央银行借款净增加额			
向其他金融机构拆入资金净增加额			-300 000 000.00
收取利息、手续费及佣金的现金		404 330 867.02	316 385 822.75
拆入资金净增加额			
回购业务资金净增加额			-746 500 000.00
收到的税费返还		3 267 420 421.11	3 671 277 018.74
收到其他与经营活动有关的现金	五、71（1）	2 838 768 145.79	3 887 782 462.69
经营活动现金流入小计		**228 996 916 924.84**	**198 587 680 806.39**
购买商品、接受劳务支付的现金		122 277 671 203.25	140 307 498 966.97
客户贷款及垫款净增加额		3 751 715 000.00	-3 541 760 000.00
存放中央银行和同业款项净增加额		121 006 301.94	-142 968 622.64
拆出资金净增加额			
支付利息、手续费及佣金的现金		126 487 510.44	72 151 067.99
支付给职工以及为职工支付的现金		11 191 368 139.74	10 236 422 672.26
支付的各项税费		17 572 921 744.39	12 501 020 989.21
支付其他与经营活动有关的现金	五、71（1）	17 557 320 670.91	10 486 879 811.33
经营活动现金流出小计		**172 598 490 570.67**	**169 919 244 885.12**
经营活动产生的现金流量净额		**56 398 426 354.17**	**28 668 435 921.27**
二、投资活动产生的现金流量：			
收回投资收到的现金	五、71（2）	21 852 693 438.10	6 897 604 278.47
取得投资收益收到的现金		688 434 561.28	96 017 802.71

续表

项　目	附　注	2023 年度	2022 年度
处置固定资产、无形资产和其他长期资产收回的现金净额		1 931 290 335.02	22 767 686.65
处置子公司及其他营业单位收到的现金净额		35 000 000.00	67 258 353.52
收到其他与投资活动有关的现金	五、71（2）	24 715 882 326.50	3 443 556 899.78
投资活动现金流入小计		**49 223 300 660.90**	**10 527 205 021.13**
购建固定资产、无形资产和其他长期资产支付的现金		5 425 734 302.92	6 036 136 315.75
投资支付的现金	五、71（2）	84 267 244 633.47	13 467 910 481.50
取得子公司及其他营业单位支付的现金净额		239 342 398.39	2 031 361 368.42
支付其他与投资活动有关的现金	五、71（2）	308 198 670.53	26 048 629 646.87
投资活动现金流出小计		90 240 520 005.31	47 584 037 812.54
投资活动产生的现金流量净额		**−41 017 219 344.41**	**−37 056 832 791.41**
三、筹资活动产生的现金流量：			
吸收投资收到的现金			32 000 000.00
其中：子公司吸收少数股东投资收到的现金			32 000 000.00
取得借款收到的现金	五、71（3）	68 622 584 547.14	102 926 746 831.03
收到其他与筹资活动有关的现金	五、71（3）	20 203 186 178.80	20 000 000.00
筹资活动现金流入小计		**88 825 770 725.94**	**102 978 746 831.03**
偿还债务支付的现金	五、71（3）	87 009 692 089.60	60 908 105 526.39
分配股利、利润或偿付利息支付的现金		13 811 350 664.09	18 469 103 441.58
其中：子公司支付给少数股东的股利、利润		111 193 450.56	49 000 000.00
支付其他与筹资活动有关的现金	五、71（3）	4 362 544 531.09	13 678 745 549.95
筹资活动现金流出小计		**105 183 587 284.78**	**93 055 954 517.92**
筹资活动产生的现金流量净额		**−16 357 816 558.84**	**9 922 792 313.11**
四、汇率变动对现金及现金等价物的影响		136 149 039.88	268 517 494.64
五、现金及现金等价物净增加额		**−840 460 509.20**	**1 802 912 937.61**
加：期初现金及现金等价物余额		31 754 656 695.61	29 951 743 758.00
六、期末现金及现金等价物余额		**30 914 196 186.41**	**31 754 656 695.61**

表 3-13 为格力电器 2023 年度合并现金流量表补充资料，显示了使用间接法计算经营活动产生的现金流量。

表 3-13 格力电器 2023 年度合并现金流量表补充资料   元

现金流量表补充资料	本期金额	上期金额
1. 将净利润调节为经营活动现金流量：		
净利润	27 719 022 913.59	23 011 344 353.11
加：资产及信用减值准备	3 317 624 806.38	1 383 047 782.73
固定资产折旧、投资性房地产折旧及使用权资产摊销	4 808 144 624.82	4 597 938 791.84
无形资产摊销	475 186 591.56	372 007 224.51
处置固定资产、无形资产和其他长期资产的损失（"-"号填列）	-382 923 791.69	-608 425.71
非流动资产报废损失（收益以"-"号填列）	54 190 130.25	53 229 011.49
公允价值变动损失（收益以"-"号填列）	-437 583 988.72	343 575 705.11
财务费用（收益以"-"号填列）	-3 910 047 955.94	-3 022 815 788.07
投资损失（收益以"-"号填列）	-217 156 605.23	-86 883 941.74
递延所得税资产减少（增加以"-"号填列）	-1 966 236 836.12	-897 724 577.56
递延所得税负债增加（减少以"-"号填列）	585 516 093.11	192 514 498.13
存货的减少（增加以"-"号填列）	3 656 838 547.28	5 509 950 723.66
经营性应收项目的减少（增加以"-"号填列）	12 312 109 488.56	6 522 203 496.59
经营性应付项目的增加（减少以"-"号填列）	15 003 082 209.85	10 082 543 299.83
其他	4 619 339 873.53	773 200 367.01
经营活动产生的现金流量净额	56 398 426 354.17	28 668 435 921.27
2. 不涉及现金收支的重大投资和筹资活动：		
债务转为资本		
一年内到期的可转换公司债券		
融资租入固定资产		
3. 现金及现金等价物净变动情况：		
现金的期末余额	30 914 196 186.41	31 754 656 695.61
减：现金的期初余额	31 754 656 695.61	29 951 743 758.00
加：现金等价物的期末余额		
减：现金等价物的期初余额		
现金及现金等价物净增加额	-840 460 509.20	1 802 912 937.61

第四章
财务报表常规化调整及历史比率计算

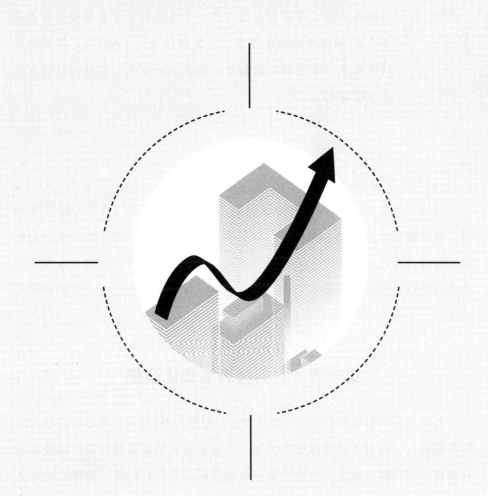

张鑫的同学蔡菜加入一家私募股权投资公司,该公司专门收购高科技制造企业。公司内部规定,收购的市盈率按照行业现状最高为15倍。经朋友介绍,蔡菜找到了一家理想的高科技制造企业,并且拿到了该企业2023年经过审计的财务报表。财务报表账面净利润为1 000万元,蔡菜和该企业股东达成协议,收购的市盈率为10倍。蔡菜非常高兴,认为自己支付的股权对价远低于行业15倍的标准。在收购完成后的一年,蔡菜拿到了新的财务报表,企业经营一切正常,但是净利润只有100万元,股权价值即使按照15倍市盈率计算,也才为1 500万元。蔡菜不知道为什么净利润大幅下降,于是找到张鑫来帮忙。张鑫认真看过2023年的财务报表,才发现原来的1 000万元净利润包括了当年一次性的政府拆迁补偿款900万元,实际的利润也只有100万元。

这里一次性的政府拆迁补偿款就是本章要讲的重点,属于非经常性项目,在计算估值的时候,要首先对财务报表进行常规化调整,然后按照调整后的财务指标进行计算,才能代表企业可持续的经营价值。估值只有建立在企业可持续经营的财务报表基础之上,才能计算得出代表企业可持续经营的价值。

第一节 财务报表常规化调整

无论是从原始报表手动录入财务数据,还是从Wind等金融数据终端导出财务数据,一般都不能直接拿来使用,还需要对原始数据进行简化以及常规化调整,即对财务报表中的原始数据根据建模需要进行处理。处理后的财务报表反映了建模估值师对目标公司财务预测及估值模型的构建思路,与企业会计准则所规定的标准财报形式并不完全一致。

在进行历史数据处理和常规化调整的时候，只针对利润表和资产负债表，现金流量表不做处理，也不在模型中填入历史现金流量表数据。

常用的方法包括以下几种。

（1）科目省略，将过去几年历史数值为0的科目在财务模型中不列示。

（2）科目合并，将数值很小、预测驱动因素一致或者预测逻辑一致的科目合并。

（3）科目拆分，如对货币资金进行拆分，通过查看财务报表附注，将其分为受限资金和现金及现金等价物。

（4）科目增加，如在资产负债表中负债端增加"循环贷款"科目，在预测公司账面现金出现负值的情况下，需要使用循环贷款来补充现金不足额的部分。

（5）科目顺序的调整与重新归类。将与公司核心业务无关的损益，即非经常性损益科目列示在EBIT之后，来计算EBITDA和EBIT。这两个指标是在财务分析及估值过程中经常用到的体现公司核心业务的指标。非经常性损益科目与公司的核心业务无关，所以需要调整到EBIT之后。

在《公开发行证券的公司信息披露解释性公告第1号——非经常性损益（2023年修订）》中，非经常性损益被定义为"与公司正常经营业务无直接关系，以及虽与正常经营业务相关，但由于其性质特殊和偶发性，影响报表使用人对公司经营业绩和盈利能力做出正常判断的各项交易和事项产生的损益"。

现行标准利润表没有非经常性损益这个项目，没有单独列报非经常性损益项目，而是要求上市公司以利润表附表的方式进行披露。非经常性损益分散在不同的会计科目之中，涉及的项目有"投资收益""公允价值变动损益""信用减值损失""资产减值损失""营业外收入""营业外支出"等。会计准则要求公司披露非经常性损益的信息，通常包括以下项目。

（1）捐赠收益。这类收益通常是由于企业对外作出捐赠而获得的，这类收益不是企业主营业务的一部分，因此被视为非经常性损益。

（2）债务重组收益。这指的是企业通过重组债务结构而获得的收益，也被视为非经常性损益。这类收益可能来源于债务重组过程中的资产评估增加、债务减免等。

（3）政府专项拨款。这指的是政府为了特定目的向企业提供的资金支持，如果这些拨款与企业的日常经营活动无关，也会被计入非经常性损益。

（4）关联交易差价。如果企业在关联交易中获得或支付了差价，这部分差价也会被视为非经常性损益。这可能涉及与关联方的资产买卖、服务交换等情况。

（5）无法支付的应付款项。这指的是企业因各种原因（如破产、清算等）无法偿还的应付款项，其处理结果可能导致非经常性损益的确认。

（6）其他营业外收支。这包括除上述明确列举的项目外，其他与企业正常经营活动无直接关系的收入和支出。例如，自然灾害造成的损失、诉讼赔偿金等。

（7）政府补助。虽然政府补助在某些情况下可能被视为与企业日常经营活动密切相关，但如果它们是按照一定标准定额或定量持续享受的，则可能被计入经常性损益。

非经常性损益的范围较广，涵盖了多种与企业日常经营活动无直接关系的收益和损失。这些项目的共同特点是它们的发生具有一定的偶发性和不确定性，不反映企业的持续经营能力。因此，在评估企业的财务状况和经营业绩时，需要对非经常性损益进行适当的调整和披露。只有调整后的财务报表，才能代表企业正常经营情况下的财务状况，也才能作为财务模型预测的基础。所以，根据企业历史报表对未来盈利进行预测，首先要调整的是历史报表，将财务数据通过常规化调整，还原到可以反映企业可持续经营业务下所能体现出来的财务数据。这样未来现金流预测的结果才能对应企业可持续的核心经营价值。

第二节 调整后的利润表

在 2017—2019 年间，中国会计准则发生了频繁变化，格力电器作为上市公司，自 2020 年起执行新的会计准则列示财务报表。由于准则的变化，对 2020 年前的财务数据和 2020 年后的财务数据进行历史分析时可能需要可比性调整。为了尽可能完整地显示历史趋势，我们还是从 Wind 数据终端导出格力电器历史 5 年的财务数据。

在模型中对历史利润表进行了调整，主要包括以下几个方面。

（1）使用营业总收入减去营业成本计算毛利润。

（2）计算 EBIT 指标和调整非经常性损益科目。将财务费用、投资净收益、公允价值变动净收益、资产减值损失、信用减值损失、资产处置收益、营业外收入和营业外支出调整到 EBIT 之后。

（3）计算 EBITDA 指标，将格力电器的现金流量表的补充资料中的"固定资产折旧、投资性房地产折旧及使用权资产摊销"和"无形资产摊销"加总得到折旧摊销费用，使用 EBIT 加折旧摊销得到 EBITDA。

注意：将与公司核心经营业务无关的科目作为非经常性损益科目列示在 EBIT 之后。需要调整哪些损益取决于该科目的具体信息以及估值师自己的判断，估值师需要仔细阅读财务报表内容及科目相关附注，在必要的情况下可能还需要对一些科目进行细分。

例如，"其他收益"和"营业外收入"都包含政府补助，但是将"其他收益"包括在 EBIT 计算中，而将"营业外收入"作为非经常性损益科目，是因为"其他收益"中的政府补助是与经营相关的，而且这部分收入历史期间相对比较稳定，我们判断在未来也属于持续性收入。而"营业外收入"中的政府补助是非经营相关的。

存货跌价/坏账计提很容易被误认为非经常性损益，但其实这两项都是经常性损益。针对这部分科目的定性，需要根据企业的特点来进行判断。例如，对于空调或家用电器的生产企业来说，过时的老型号的存货存在减值的必然性，而这种存货的减值也是这类生产企业日常经营的特点。这种情况和出售新鲜水果的超市每天都可能有存货减值的道理是一样的，属于企业的经常性损益。坏账转回是非经常性损益。而这些具体数额需要去仔细阅读资产负债表科目附注。

调整后的格力电器历史五年利润表数据见表 4-1。

表 4-1 调整后的格力电器历史五年利润表数据

合并利润表 （单位：百万元） 截至 12 月 31 日	实 际 值				
	2019A	2020A	2021A	2022A	2023A
收入					
营业收入	198 153.0	168 199.2	187 868.9	188 988.4	203 979.3
其他类金融业务收入	2 355.3	2 298.2	1 785.2	1 162.3	1 038.9
营业总收入	**200 508.3**	**170 497.4**	**189 654.0**	**190 150.7**	**205 018.1**
营业成本	143 499.4	124 229.0	142 251.6	139 784.4	141 625.6
毛利润	**57 009.0**	**46 268.4**	**47 402.4**	**50 366.3**	**63 392.6**
税金及附加	1 543.0	964.6	1 076.7	1 612.2	2 114.2
销售费用	18 309.8	13 043.2	11 581.7	11 285.5	17 129.6
管理费用	3 795.7	3 603.8	4 051.2	5 268.0	6 542.2
研发费用	5 891.2	6 052.6	6 296.7	6 281.4	6 762.1
其他业务成本（金融类）	111.2	305.0	524.1	82.5	126.9
其他收益	936.2	1 164.1	832.2	879.8	900.7
息税前利润（EBIT）	**28 294.3**	**23 463.4**	**24 704.2**	**26 716.5**	**31 618.2**
财务费用	(2 426.6)	(1 937.5)	(2 260.2)	(2 206.8)	(3 526.5)
投资净收益	(226.6)	713.0	522.1	86.9	217.2
公允价值变动净收益	228.3	200.2	(58.1)	(343.6)	437.6
资产减值损失	(842.9)	(466.3)	(606.2)	(966.7)	(2 493.6)
信用减值损失	(279.5)	192.8	(151.0)	(416.4)	(824.1)
资产处置收益	4.9	3.0	6.2	0.6	382.9
营业外收入	345.7	287.2	154.3	59.8	128.4
营业外支出	598.1	21.7	28.5	126.5	177.5
税前利润（EBT）	**29 352.7**	**26 308.9**	**26 803.2**	**27 217.4**	**32 815.7**

续表

合并利润表 （单位：百万元） 截至12月31日	实际值				
	2019A	2020A	2021A	2022A	2023A
所得税	4 525.5	4 029.7	3 971.3	4 206.0	5 096.7
净利润	24 827.3	22 279.2	22 831.9	23 011.3	27 719.0
少数股东损益	130.6	104.1	(231.8)	(1 495.3)	(1 298.4)
归属于母公司所有者的净利润	24 696.7	22 175.1	23 063.7	24 506.6	29 017.4
EBIT	28 294.3	23 463.4	24 704.2	26 716.5	31 618.2
折旧及摊销	3 194.4	3 588.7	3 644.4	4 970.0	5 283.3
EBITDA	31 488.7	27 052.1	28 348.6	31 686.4	36 901.6

第三节 调整后的资产负债表

对 Wind 数据终端导出的格力电器的资产负债表进行了调整，主要包括以下几个方面。

（1）将货币资金拆分为"受限货币资金"和"现金及现金等价物"。从现金流量表中得到历史 5 年"期末现金及现金等价物余额"，然后使用资产负债表中的"货币资金"减去"期末现金及现金等价物余额"，得到"受限货币资金"的金额。这里对货币资金进行拆分，是因为在进行财务数据预测时，将使用由现金流量表来推导资产负债表的方法，来进行资产负债表配平。如果企业的货币资金均为随时用于支付或可随时变现的款项，资产负债表的"货币资金"等同于现金流量表中的"现金及现金等价物"；如果包含了不可随时变现的款项（受限货币资金），剔除该部分内容，"货币资金"才等于"现金及现金等价物"。常见的受限货币资金包括银行承兑汇票保证金、已被质押或担保的定期存款。

具体的受限资金金额，通常可以从企业年报的会计附录中找到。例如，格力电器 2023 年资产负债表的货币资金科目及现金等价物余额为 124 105

百万元，同时可以看到 2023 年现金流量表的期末现金及现金等价物余额为 30 914.2 百万元。我们可以明显看出来这两个数据差异显著。因为货币资金科目包括受限资金，而现金流量表体现的是现金及现金等价物的非受限部分，所以要明确知道具体的数值差额，需要找到原始数据。

如图 4-1 所示，第四项期末现金及现金等价物余额需要从第三项期末货币资金及现金等价物余额减去不属于现金及现金等价物范畴的定期存款及应计利息，再减去受到限制的存款等。

珠海格力电器股份有限公司 2023 年年度报告全文		
项目	期末余额	期初余额
可随时用于支付的银行存款	12,145,466,861.21	12,976,313,644.11
可随时用于支付的其他货币资金	470,104,370.06	342,302,803.81
可随时用于支付的存放中央银行款项	6,910,095.46	6,311,554.32
可随时用于支付的存放同业款项	18,290,967,611.23	18,429,050,365.84
不属于现金及现金等价物范畴的定期存款及应计利息	56,746,121,561.64	76,514,578,051.75
使用受到限制的存款	36,444,669,541.57	49,215,097,504.03
二、现金等价物		
三、期末货币资金及现金等价物余额	124,104,987,289.62	157,484,332,251.39
减：不属于现金及现金等价物范畴的定期存款及应计利息	56,746,121,561.64	76,514,578,051.75
减：使用受到限制的存款	36,444,669,541.57	49,215,097,504.03
其中：法定存款准备金	1,382,019,092.73	1,261,012,790.79
票据、信用证等保证金	35,062,650,448.84	47,954,084,713.24
四、期末现金及现金等价物余额	30,914,196,186.41	31,754,656,695.61
（5）使用范围受限但仍作为现金和现金等价物列示的情况		

图 4-1 格力电器 2023 年年报货币资金与期末现金及现金等价物余额

（2）在流动负债下增加了"循环贷款"科目。在预测公司账面现金流出现负值的情况下，需要使用循环贷款来补充现金不足额的部分。历史年份没有这个科目，所以历史年份该科目数值为 0。

（3）合并一些性质相近的科目，将"应收票据及应收账款""应收款项融资"和"其他应收款"合并为"应收账款"。将"发放贷款及垫款""债权投资"和"其他债权投资"合并为"债权投资"。将"应付票据及应付账款"和"其他应付款"合并为"应付账款"。将"实收资本（或股本）"和"资本公积金"合并为"股本及资本公积"。将"专项储备"和"一般风险准备"合并为"专项储备及一般风险准备"。将"盈余公积金"和"未分配利润"合并为"留存收益"。

调整后的格力电器历史五年资产负债表数据见表 4-2。

表 4-2 调整后的格力电器历史五年资产负债表数据

合并资产负债表 （单位：百万元） 截至 12 月 31 日	实 际 值				
	2019A	2020A	2021A	2022A	2023A
资产					
流动资产					
货币资金	125 400.7	136 413.1	116 939.3	157 484.3	124 105.0
受限货币资金	99 028.2	112 188.1	86 987.6	125 729.7	93 190.8
现金及现金等价物	26 372.6	24 225.1	29 951.7	31 754.7	30 914.2
交易性金融资产	955.2	370.8		3 867.2	9 614.4
衍生金融资产	92.4	285.5	198.8		108.9
应收账款	36 898.7	29 859.0	39 787.1	44 063.2	27 189.5
预付账款	2 395.6	3 129.2	4 591.9	2 344.7	2 492.7
买入返售金融资产					3 932.3
存货	24 084.9	27 879.5	42 765.6	38 314.2	32 579.1
合同资产		78.6	1 151.2	1 047.7	838.8
一年内到期的非流动资产	445.4		11 033.6	3 314.2	2 411.6
其他流动资产	23 091.1	15 617.3	9 382.2	4 704.6	24 868.9
流动资产合计	**213 364.0**	**213 633.0**	**225 849.7**	**255 140.0**	**228 141.3**
非流动资产					
债权投资	14 720.6	5 776.0	10 052.7	15 210.5	18 058.3
其他权益工具投资	4 644.6	7 788.4	10 114.3	4 669.5	3 864.9
其他非流动金融资产	2 003.5	2 003.5	81.3	4 428.0	
长期应收款			2.4	116.1	62.2
长期股权投资	7 064.2	8 119.8	10 337.0	5 892.3	4 489.0
投资性房地产	498.7	463.4	454.9	634.7	633.3
固定资产	19 121.9	18 990.5	31 188.7	33 817.0	34 034.8
在建工程	2 431.1	4 016.1	6 481.2	5 966.7	6 563.9
使用权资产			14.6	207.3	842.3
无形资产	5 305.5	5 878.3	9 917.0	11 621.9	10 827.7
商誉	325.9	201.9	707.6	1 659.4	1 452.5
长期待摊费用	2.7	8.6	18.7	22.9	24.3
递延所得税资产	12 541.1	11 550.3	13 661.9	14 598.9	16 561.4

续表

合并资产负债表（单位：百万元）	实际值				
截至12月31日	2019A	2020A	2021A	2022A	2023A
其他非流动资产	948.3	788.1	716.3	1 039.7	42 498.1
非流动资产合计	**69 608.1**	**65 584.9**	**93 748.5**	**99 884.7**	**139 912.6**
资产合计	**282 972.2**	**279 217.9**	**319 598.2**	**355 024.8**	**368 053.9**
负债					
流动负债					
循环贷款					
短期借款	15 944.2	20 304.4	27 617.9	52 895.9	26 443.5
衍生金融负债				184.8	4.1
应付账款	69 654.7	55 411.1	83 382.2	82 378.4	70 401.8
预收账款	8 225.7				
合同负债		11 678.2	15 505.5	14 972.3	13 588.8
应付职工薪酬	3 431.0	3 365.4	3 466.6	3 897.9	4 288.6
应交税费	3 703.8	2 301.4	2 230.5	3 819.4	4 337.6
一年内到期的非流动负债			1 255.3	255.3	20 605.5
其他流动负债	65 181.5	64 382.3	62 414.1	57 748.8	61 058.8
其他金融类流动负债	3 427.5	1 036.1	1 229.3	219.1	254.6
流动负债合计	**169 568.3**	**158 478.7**	**197 101.4**	**216 371.9**	**200 983.3**
非流动负债					
长期借款	46.9	1 860.7	8 960.9	30 784.2	39 035.7
租赁负债			3.3	146.8	767.0
长期应付款			446.2	104.6	27.0
长期应付职工薪酬	141.0	149.9	164.4	175.7	195.1
递延所得税负债	927.8	1 411.1	2 293.9	2 225.1	2 871.8
递延收益-非流动负债	240.5	437.0	2 702.7	3 340.2	3 527.9
非流动负债合计	**1 356.2**	**3 858.7**	**14 571.3**	**36 776.8**	**46 424.5**
负债合计	**170 924.5**	**162 337.4**	**211 672.7**	**253 148.7**	**247 407.8**
所有者权益					
股本及资本公积	6 109.1	6 137.6	6 040.3	6 127.5	6 983.9
减：库存股		5 182.3	19 579.7	5 643.9	4 942.7

续表

合并资产负债表 （单位：百万元） 截至 12 月 31 日	实 际 值				
	2019A	2020A	2021A	2022A	2023A
其他综合收益	6 260.3	7 396.1	11 204.0	2 042.9	275.5
专项储备及一般风险准备	489.9	497.6	528.0	533.1	534.2
留存收益	97 294.3	106 341.3	105 459.0	93 699.2	113 942.8
少数股东权益	1 894.1	1 690.3	4 273.8	5 117.3	3 852.4
所有者权益合计	112 047.7	116 880.5	107 925.4	101 876.0	120 646.2
负债和所有者权益合计	282 972.5	279 217.9	319 598.2	355 024.8	368 053.9

第四节 历史比率计算

完成利润表的调整后，就可以计算相关的历史比率，为下一步预测利润表科目做准备，见表 4-3 和表 4-4。

表 4-3 调整后的利润表的历史比率计算（以 2023 年为例）

项 目	公 式
营业收入增长率	=2023 年营业收入 /2022 年营业收入 -1
其他类金融业务收入增长率	=2023 年其他类金融业务收入 /2022 年其他类金融业务收入 -1
营业成本占营业收入比例	=2023 年营业成本 /2023 年营业收入
税金及附加占营业收入比例	=2023 年税金及附加 /2023 年营业收入
销售费用占营业收入比例	=2023 年销售费用 /2023 年营业收入
管理费用占营业收入比例	=2023 年管理费用 /2023 年营业收入
研发费用占营业收入比例	=2023 年研发费用 /2023 年营业收入
其他业务成本（金融类）占其他类金融业务收入比例	=2023 年其他业务成本（金融类）/2023 年其他类金融业务收入
有效税率	=2023 年所得税 /2023 年税前利润
少数股东损益占净利润比例	=2023 年少数股东损益 /2023 年净利润

表 4-4 历史比率及假设计算

历史比率及假设	2019A	2020A	2021A	2022A	2023A
营业收入增长率		-15.1%	11.7%	0.6%	7.9%
其他类金融业务收入增长率		-2.4%	-22.3%	-34.9%	-10.6%

续表

历史比率及假设	2019A	2020A	2021A	2022A	2023A
营业成本占营业收入比例	72.4%	73.9%	75.7%	74.0%	69.4%
税金及附加占营业收入比例	0.8%	0.6%	0.6%	0.9%	1.0%
销售费用占营业收入比例	9.2%	7.8%	6.2%	6.0%	8.4%
管理费用占营业收入比例	1.9%	2.1%	2.2%	2.8%	3.2%
研发费用占营业收入比例	3.0%	3.6%	3.4%	3.3%	3.3%
其他业务成本（金融类）占其他类金融业务收入比例	4.7%	13.3%	29.4%	7.1%	12.2%
有效税率	15.4%	15.3%	14.8%	15.5%	15.5%
少数股东损益占净利润比例	0.5%	0.5%	−1.0%	−6.5%	−4.7%

第五章
利润表预测至息税前利润

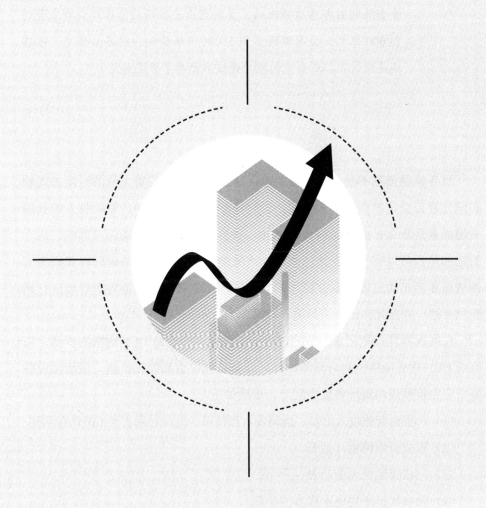

近期，国务院国有资产监督管理委员会（以下简称"国资委"）要求央企加强科技创新。张鑫所在的集团也要求子公司加强科技创新工作，争取在高科技领域有所突破。很快，张鑫收到了一家二级子公司提交的一份投资建议书，其拟参股一家高科技企业。这家高科技企业成立了1年时间，目前尚处于产品研发阶段。商业计划书显示，明年销售收入为5 000万元，净利润2 000万元，后年销售收入为1亿元，净利润4 000万元，5年后销售收入为6亿元，净利润为2.4亿元。张鑫问这家二级公司的投资负责人，这个销售收入预测是如何作出的。该投资负责人说是这家投资企业的财务总监预测的，主要理由是市场的总体规模将来会达到600亿元，公司假设占到1%的市场份额，就是6亿元。张鑫还是给这家二级企业的投资建议书出具了否定意见。

财务模型预测不是一件容易的事，这需要估值师花费大量的时间去理解和研究目标公司的核心商业模式，看它是如何创造收入的、驱动收入增长的关键因素是什么、成本结构是怎样的、主要成本受哪些驱动因素影响、成本的增加是否可以完全可以通过产品价格的增加传导出去。估值师对其研究的领域需要多年的经验积累并持续密切关注，才能对未来的走势更好地进行判断和预测，并据此作出估值预测。

在进入科目预测之前，首先说明一下构建格力电器DCF模型的步骤，先完成DCF估值所需的科目预测，然后计算企业价值和股权价值，最后完成财务报表完整预测和资产负债表配平，步骤如下。

（1）从预测营业收入出发，预测成本和费用，完成利润表至EBIT的预测。

（2）完成折旧摊销计划表。

（3）完成营运资本变动表。

（4）完成加权平均资本成本的计算。

（5）进行现金流折现分析，计算企业价值和股权价值。

（6）进行敏感性分析和情景分析。

（7）完成债务偿还计划表。

（8）补充并完成利润表预测、完成现金流量表预测。

（9）完成资产负债表预测，进行平衡检验。

（10）财务模型审查。

以上步骤可能与其他财务建模教材的步骤不同，建模者也可以根据案例实际情况调整建模步骤。这样做的好处是可以尽快通过DCF现金流折现计算出股权价值，并迅速判断计算出来的每股价格和当前市场交易价格的差异。如果差异过大，可以对各项假设进行判断，来检查是否存在计算错误、输入错误或假设不合理之处。在已经知道计算结果和当前市场价格存在重大差异的情况下，完成财务报表后续预测的时候，可以再次进行审视。当然，如果我们的目标是仅仅计算一下股权价格，而并非完成一份完整的财务模型，则不需要再完成后续的操作。

第一节 营业收入预测

对利润表的预测是从营业收入开始的，该科目的预测是非常重要的，因为成本和费用科目在大多数情况下基本上都是根据相关科目占营业收入的比率进行预测。格力电器披露其2023年营业收入为2 039.8亿元，那么如何预测2024年的收入是多少呢？营业收入预测从总体上有如下两种方法。

一、自上而下法

自上而下法（top-down approach）是一种宏观分析方法。在该方法下，从分析市场开始，首先预测市场总量（market size）的大小，然后确定目标公司的市场份额（market share），最终得到目标公司的销售收入：目标公司的销售收入＝市场总量×市场份额。根据需要，还可将市场总量进一步分拆为：本年市场总量＝上一年市场总量×（1+市场总量增长率）。所以，使用这种方法预测，需要知道目标公司所在的市场总量、市场增长率和目标公司的市场份额。

对成熟行业而言，市场总量增长缓慢，并且与经济增长等长期趋势紧密相关，也可以通过多种渠道查询到关于行业增长率的预测。这时，可以集中精力研究本公司和竞争对手的市场份额，结合公司的增长目标和增长能力进行预测。

在新兴产品市场，需要利用可比市场的历史信息，分析产品能否被客户所接受、竞争对手情况如何，以及期望价格如何等问题，来确定市场总量和市场份额。新兴产品市场与成熟产品相比，增长率一般比较高。

以某玩具公司的营业收入预测为例，参考表5-1。

表5-1 某玩具公司营业收入预测－自上而下法

项　　目	2021A	2022A	2023A	2024E	2025E	2026E	2027E	2028E
市场份额/%	10	10	10	10	10	10	10	10
市场总量/万元	54 532	57 602	61 124	64 791	68 679	72 113	75 719	79 504
市场总量增长率/%				6	6	5	5	5
营业收入				6 479	6 868	7 211	7 572	7 950

在上例中，假设该玩具市场未来5年的增长率前两年为6%、后3年为5%。该公司在预测期市场份额保持10%不变。根据市场总量增长率预测出每一年的市场总量，然后乘以市场份额得到每年的预测营业收入。

二、自下而上法

自下而上法（bottom-up approach）是一种从微观入手的预测方法，也称为"价格数量法"。使用该方法的预测思路是：销售收入＝销售数量×单位价格。这需要对公司的产品价格和销售数量作出预测。通常来说，如果公司主要通过扩张自身产能的方式来提升收入，则适合采用自下而上法。以一家连锁餐饮企业为例，参考表5-2。

表5-2 某连锁餐饮企业营业收入预测－自下而上法

项　　目	2021A	2022A	2023A	2024E	2025E	2026E	2027E	2028E
店铺数量/家	200	220	250	288	332	382	440	506
店铺增长率/%				15	15	15	15	15
翻台率/次	3	3	3	3	3	3	3	3
每个店铺餐桌数	95	95	95	95	95	95	95	95
每桌平均消费额/元	67	67	67	67	67	67	67	67
一年经营天数	365	365	365	365	365	365	365	365

续表

项　　目	2021A	2022A	2023A	2024E	2025E	2026E	2027E	2028E
单店铺营业额/百万元	6.969 7	6.969 7	6.969 7	6.969 7	6.969 7	6.969 7	6.969 7	6.969 7
营业收入/百万元	1 393.9	1 532.2	1 742.4	2 003.8	2 304.3	2 650.0	3 047.5	3 504.6

假设未来预测期的店铺运营数据（翻台率、每个店铺餐桌数、每桌平均消费额、一年经营天数）与历史保持一致，店铺增长率每年为15%，营业收入＝店铺数量×单店铺营业额，其中，单店铺营业额＝每个店铺餐桌数×翻台率×每桌平均消费额×一年经营天数。

使用自下而上法，针对某一个案例，可以结合案例的具体情况展开收入分析。例如，针对综合型企业，可以将企业收入进一步拆解，按不同的产品进行分项预测。如果对公司的产品收入不存在上述餐饮企业非常明确的驱动因素，往往基于历史收入增长率的情况，对未来营业收入的增长率进行预测。

公司的历史收入增长率和预期未来收入增长率之间是存在联系的，可以依据历史增长率预测未来收入增长率，再使用这个增长率预测公司未来的收入。要给出合理的增长率假设，估值师需要详细考虑收入增长背后的驱动因素，如营业收入增长的原因是产品销量的增长还是产品价格的上涨。对制造业公司来说，在没有证据表明产品价格存在明显上升的情况下，则营业收入增长更多地来自公司原有产能利用率的提升。同时，也需要注意，公司的产能利用率也不能无限增长，当产能利用率达到满负荷时，产能继续提高的前提就是增加新的生产线，要有对应的新增投资。对于一些企业来说，产品线从工厂建设到生产，还需要两年或更长的时间。在这种情况下，在预测财务模型的时候，产能增长假设和投资假设就要做好时间上的匹配。对收入未来增长率，通常通过以下两种方式来进行预测。

（一）参考历史增长率，来预测未来增长率

预测未来增长率以历史增长率作为参考，如可以计算历史增长率的算术平均值或者几何平均值（复合增长率）作为未来增长率。需要注意的是，增长率平均值对预测的起始时间和终止时间非常敏感，例如，过去3年历史增长率与过去2年历史增长率的结果可能大相径庭。同时，由于行业存在经济周期性，预测取样时的经济处于周期中的哪一阶段，对于具有周期性的公司的历史增长率会有很大影响。对于周期性的公司，如果使用萧条时期的历史增长率进行预测，则增长率可能为负。如果用作预测的历史增长率是在经济高峰时期出现的，则会有相反结论。因此，在预测周期性公司的未来增长率时，跨越两个或更多经济周期的历史增长率将更有意义。预测时段的长度的选取取决于估值师的判断。

格力电器过去4年（2020—2023年）的营业收入增长率分别为-15.1%、11.7%、0.6%和7.9%，呈现比较剧烈的波动趋势。在这种情况下，可能比较难以用历史增长率作为未来增长率的参考。

（二）使用专业金融数据终端的一致预期

对于重要的上市公司，会有多位券商分析师进行跟踪研究。这些券商分析师预测的平均值称为一致预期值。投资者可以从专业金融数据终端查到一致预期值。对于入门的估值师来说，如果无法明确对未来营业收入增长率的判断，则可以采用一致预期的增长率作为基准假设，因为券商分析师一般都是长期跟踪目标公司，对目标公司及行业情况具有较好的判断能力，同时也参考了对预测未来增长率有价值的其他信息，比如：

（1）在最近的盈利报告之后已公开的公司特定的信息。分析人员能够利用最近的盈利报告之后所公布的有关公司的信息，来对未来的增长率进行预测。

（2）影响增长率的宏观经济信息。所有公司的预期增长率都会受GDP（国内生产总值）增长率、利率和通货膨胀率等经济消息的影响。当有关宏观经济形势和财政货币政策改变的新的信息出现时，分析人员能够及时更新他们对公司未来增长率的预测。例如，当经济增长比预期要快的信息公布后，分析人员将提高他们对周期性公司未来增长率的预测值。

（3）竞争对手披露的有关未来前景的信息。分析人员能够依据竞争对手在定价政策和未来增长方面所透露的信息，对公司的增长率预测作出修正。

（4）公司未公开信息。分析人员有时能够接触到他所关注公司未公开信息，这些信息可能与未来增长率的预测有关。

以Wind为例，在格力电器个股资料页面单击"盈利预测与研究报告"栏的"盈利预测"，"一致预测"表格反映了券商分析师对格力电器未来营业收入、归母净利润和EPS（每股收益）等财务数据预测的平均值。在"一致预测”表格，可以看到券商分析师对 2024—2026 年公司营业总收入的一致预测值分别为 2 187.5 亿元、2 324.8 亿元和 2 473.4 亿元，参见图 5-1。

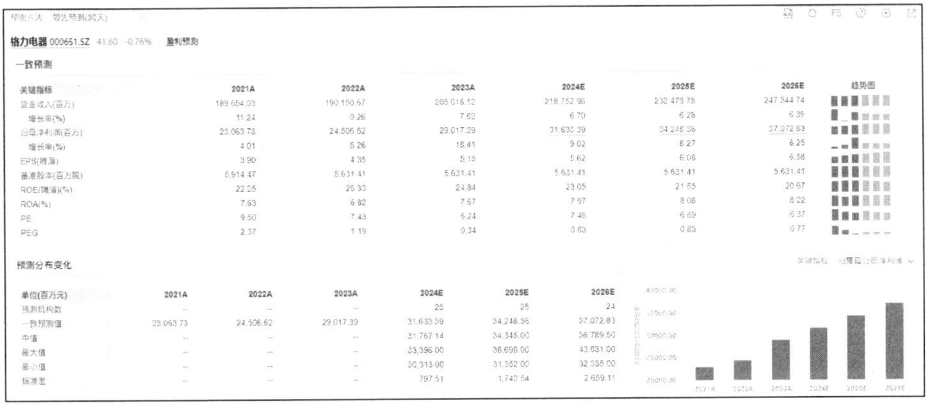

关键指标	2021A	2022A	2023A	2024E	2025E	2026E
营业收入(百万)	189 654.03	190 150.67	205 018.12	218 752.96	232 479.78	247 344.74
增长率(%)	11.24	0.26	7.62	6.70	6.28	6.39
归母净利润(百万)	23 063.73	24 506.62	29 017.39	31 633.39	34 248.36	37 072.83
增长率(%)	4.01	6.26	18.41	9.02	8.27	8.25
EPS(摊薄)	3.90	4.35	5.15	5.62	6.06	6.58
基准股本(百万股)	5 914.47	5 631.41	5 631.41	5 631.41	5 631.41	5 631.41
ROE(摊薄)(%)	22.25	25.33	24.84	23.05	21.55	20.67
ROA(%)	7.63	6.82	7.67	7.97	8.08	8.22
PE	9.50	7.43	6.24	7.46	6.89	6.37
PEG	2.37	1.19	0.34	0.63	0.83	0.77

单位(百万元)	2021A	2022A	2023A	2024E	2025E	2026E
预测机构数	--	--	--	25	25	24
一致预测值	23 063.73	24 506.62	29 017.39	31 633.39	34 248.36	37 072.83
中值	--	--	--	31 767.14	34 345.00	36 789.50
最大值	--	--	--	33 396.00	36 698.00	43 631.00
最小值	--	--	--	30 313.00	31 352.00	32 335.00
标准差	--	--	--	797.51	1 742.54	2 659.11

图 5-1 Wind 界面 – 格力电器的盈利预测

不过，不同的研究机构和券商分析师对目标公司的预测也可能会差异很大，需要进行分辨和判断，决定如何使用这些预测数据。

在这里，将对格力电器的营业总收入下的“营业收入”和“其他类金融业务收入”分别预测，然后加总计算“营业总收入”。将预测期设置为 10 年，即 2024—2033 年。预测期前两年的营业收入增长率参考 Wind 的一致预测，设定为 6%。考虑到空调和家电制造业与房地产行业息息相关，营业收入增长率在预测期间逐步降低，最后稳定下来接近永续增长率，设定为 1%。随着对公司的深入研究，这里的增长率假设可能在后续进行调整。

预测期应该假设多长时间？

财务模型预测期假设多长时间，通常没有绝对的规定。券商分析师报告所展示出来的预测年限通常为 5 年，但这并非绝对的。一个通用的原则就是预测期的最后一年最好是公司的一个正常经营状态，即预测期最后一年既不是公司发展的高峰期也不是低谷期，公司的现金流水平应该代表在正常情况下的一种水平。在这样的情况下，用最后一年的现金流来计算企业终值，才不会高估或低估企业的终值价值。

模型的利润表第 44 行给出了营业收入增长率的假设，在预测未来年份的营业收入时，只需要以上一年的营业收入为基数，乘以“1+ 预测增长率”。以 2024 年营业收入为例，2024 年营业收入 =2023 年营业收入 ×（1+2024 年营业收入增长率）=2 039.8×（1+6.0%）=2 162.2 亿元。将光标放在 2024 年营业收入单元格的公式，往右拖动直至 2033 年，就可以完成该科目的预测，或者整个选中 2024—2033 年营业收入单元格，按快捷键"Ctrl+R"，完成该操作（表 5-3）。

第二节　其他类金融业务收入及成本预测

这部分收入基本是利息收入，该利息收入主要来自存放同业及中央银行利息收入，与之相对应的金融业务成本是指利息支出。由于格力电器有自己可以开展业务的独立财务公司，相当于银行功能，我们认为这部分收入属于非核心业务产生的收入。这部分经营业务，从未来情形判断，属于开展日常经营的一部分，会继续经营下去，因此将这部分收入也列入模型预测中。从历史的增长率分析情况，我们发现数据波动较大，这部分收入对整体经营情况影响较小，且该类收益并非属于核心经营收入，因此将未来历史增长率设定为等于历史最后一年增长率（即 2023 年增长率）来进行预测。因为未来增长率是负值，通过这种相对谨慎的预测，也可以降低这部分业务对核心经营价值的影响。

以 2024 年其他类金融业务收入为例，2024 年其他金融业务收入 =2023 年其他金融业务收入 ×（1+2024 年增长率）=10.4×（1-10.6%）=9.3 亿元。

完成 2024 年其他类金融业务收入预测后，往右拖动单元格公式直至 2033 年，或者整个选中 2024—2033 年其他类金融业务收入单元格，按快捷键"Ctrl+R"，完成该操作。

与其他类金融业务收入对应的成本，即其他业务成本（金融类）科目，我们预测时参考其历史比率，即金融业务成本占金融业务收入的百分比，假设未来年份百分比等于历史 3 年的均值，即 16.2%。那么，2024 年其他业务成本（金融类）=2024 年其他类金融业务收入 ×2024 年其他业务成本（金融类）占其他类金融业务收入比例 =9.3×16.2%=1.5 亿元。

完成 2024 年其他业务成本（金融类）预测后，按照前面的操作补充完整后面所有预测期的数据。

然后加总营业总收入，营业总收入 = 营业收入 + 其他类金融业务收入，完成该合计值在预测期的计算，参考表 5-4。

表 5-3 营业收入预测

合并利润表
（单位：百万元）
截至 12 月 31 日

	预测值									
	2024E	2025E	2026E	2027E	2028E	2029E	2030E	2031E	2032E	2033E
收入										
营业收入	216 218.0	229 191.1	238 358.8	247 893.1	257 808.8	265 543.1	273 509.4	278 979.6	284 559.2	287 404.8
历史比率及假设										
营业收入增长率	6.0%	6.0%	4.0%	4.0%	4.0%	3.0%	3.0%	2.0%	2.0%	1.0%

表 5-4 其他类金融业务收入及成本预测

合并利润表
（单位：百万元）
截至 12 月 31 日

	预测值									
	2024E	2025E	2026E	2027E	2028E	2029E	2030E	2031E	2032E	2033E
收入										
营业收入	216 218.0	229 191.1	238 358.8	247 893.1	257 808.8	265 543.1	273 509.4	278 979.6	284 559.2	287 404.8
其他类金融业务收入	928.5	829.9	741.8	663.0	592.6	529.7	473.4	423.2	378.2	338.1
营业总收入	217 146.6	230 021.0	239 100.5	248 556.1	258 401.4	266 072.8	273 982.8	279 402.7	284 937.4	287 742.8
其他业务成本（金融类）	150.6	134.7	120.4	107.6	96.1	85.9	76.8	68.7	61.4	54.8
历史比率及假设										
营业收入增长率	6.0%	6.0%	4.0%	4.0%	4.0%	3.0%	3.0%	2.0%	2.0%	1.0%
其他类金融业务收入增长率	−0.6%	−10.6%	−10.6%	−10.6%	−10.6%	−10.6%	−10.6%	−10.6%	−10.6%	−10.6%
其他业务成本（金融类）占其他类金融业务收入比例	16.2%	16.2%	16.2%	16.2%	16.2%	16.2%	16.2%	16.2%	16.2%	16.2%

第三节　营业成本预测

完成营业总收入的预测后就是营业成本的预测。对于制造业公司而言，营业成本主要包括直接材料、直接工资、制造费用和其他直接支出等。

营业成本的预测可以采用以下方法。

（1）计算毛利率。对于一个持续稳定发展的公司而言，其毛利率应该保持稳定的水平，所以可以通过计算历史毛利率作为未来毛利率的参考。毛利率＝毛利润/营业收入＝（营业收入－营业成本）/营业收入。

（2）计算营业成本占营业收入的比例。营业成本占营业收入的比例＝1－毛利率，假设毛利率保持稳定，则营业成本占营业收入的比例也保持稳定。可以参考历史营业成本占营业收入的比例来预测营业成本。

（3）进行成本拆分。这种方法一般与收入拆分结合使用。如果收入按照不同产品线或业务线拆分，且不同产品线的毛利率不同或产品结构不同，则对收入与成本进行拆分预测是比较合适的预测方法。

模型将使用第二种方法来进行预测，计算历史3年营业成本占营业收入的比例，过去几年该数值在74%上下徘徊，在2023年下降到低于70%。如果该比例在过去3年没有保持一致，则需要通过进一步研究来探究该比例变动的原因。公司可能会因业务发生重大变动，或者采取其他措施增加或减少与收入相关的成本。在这种情况下，可以通过听取最新的盈利电话会议或查阅盈利报告，从而了解公司管理层对于营业成本是升还是降的预期。

因此，为了预测下一年度的指标，基于历史趋势作出假设，并根据进一步研究进行调整。关于预测期的比率选取，常见的五种选择如下：①取3年（或5年）百分比的均值；②取最近3年（或5年）百分比的最大值（保守做法）；③取最近3年（或5年）百分比的最小值（激进做法）；④取最近1年的百分比；⑤假设百分比按周期变化，逐年平稳上升或下降。

以上是最常用的五种方法，这五种方法也适用于其他根据历史比率的预测。这五种方法并没有哪一种是绝对正确或最合适的方法。具体采用哪一种方法，需要根据公司的实际情况进行选取。

例 5-1 某制造企业过去 5 年的营业成本/销售收入的比率为 55%、58%、57%、55%、54%，且该制造企业在最近 1 年刚刚完成生产工艺流程改造，能耗大幅降低。根据上述情况，就可以采用最近 1 年的营业成本/销售收入的比率作为预测期的比率。虽然该比率为近年的最低值，但是由于刚刚完成的工艺流程改造，我们有较为合适的理由确信该营业成本比率可以持续。

例 5-2 某生产企业过去 5 年的营业成本/销售收入的比率为 55%、56%、55%、54%、55%，且该生产企业过去 3 年及未来几年并没有显著的更新改造计划。根据上述情况，我们可以发现过去 5 年或过去 3 年的成本收入比率非常稳定，在这种情况下，就可以采用过去 5 年或过去 3 年的平均值来作为未来的预测值。

例 5-3 某生产企业过去 5 年的管理费用/销售收入的比率为 8.5%、8.3%、8.4%、8.2%、8.1%。根据上述情况，首先我们要了解管理费用很大部分为固定成本，并非完全随销售收入增加而同比例变化，所以在销售收入增长的情况下，管理费用占销售收入的比率有下降的趋势属于符合逻辑的趋势。在这种情况下，可以采用近 3 年的最低值，同时也是最近一年的值作为未来的预测值。即使这种假设，也是属于保守的假设，因为后期随着销售收入的增长，管理费用比率正常情况下还会继续下降。所以，虽然我们取值为近 3 年的最低值，但也属于保守假设。

通过上述的例子可以看到，根据历史成本的比率，对未来的预测要结合具体的项目来进行分析，不存在"放之四海而皆准"的方法。甚至在实践中，你也可能发现其他趋势能够更好地拟合某家公司的历史业绩。例如，营业成本比率会呈现出周期性的变化规律。在这种情况下，我们来做未来的预测，也可以按照历史比率所呈现出来的趋势来进行同趋势预测。不论是先上升再下降，或是先下降再上升，只要估值师有充足的理由和数据支持，都是合理的假设。

在本例中，我们使用取平均值法，过去 3 年营业成本占营业收入百分比均值为 73.0%，以该数值作为预测期 10 年营业成本占营业收入的比例。

2024 年营业成本=2024 年营业收入×2024 年营业成本占营业收入比例=2 162.2×73.0%=1 579.2 亿元。复制该单元格的公式，向右填充至预测期期末。

现在可以来计算预测期的毛利润，2024 年毛利润=2024 年营业总收入-2024 年营业成本，复制公式，向右填充至预测期期末，参考表 5-5。

表 5-5 毛利润预测

合并利润表（单位：百万元）	预测值									
截至 12 月 31 日	2024E	2025E	2026E	2027E	2028E	2029E	2030E	2031E	2032E	2033E
收入										
营业收入	216 218.0	229 191.1	238 358.8	247 893.1	257 808.8	265 543.1	273 509.4	278 979.6	284 559.2	287 404.8
其他类金融业务收入	928.5	829.9	741.8	663.0	592.6	529.7	473.4	423.2	378.2	338.1
营业总收入	217 146.6	230 021.0	239 100.5	248 556.1	258 401.4	266 072.8	273 982.8	279 402.7	284 937.4	287 742.8
营业成本	157 921.7	167 397.0	174 092.8	181 056.5	188 298.8	193 947.8	199 766.2	203 761.5	207 836.8	209 915.1
毛利润	59 224.9	62 624.1	65 007.7	67 499.6	70 102.6	72 125.0	74 216.6	75 641.2	77 100.6	77 827.7
历史比率及假设										
营业收入增长率	6.0%	6.0%	4.0%	4.0%	4.0%	3.0%	3.0%	2.0%	2.0%	1.0%
其他类金融业务收入增长率	-10.6%	-10.6%	-10.6%	-10.6%	-10.6%	-10.6%	-10.6%	-10.6%	-10.6%	-10.6%
营业成本占营业收入比例	73.0%	73.0%	73.0%	73.0%	73.0%	73.0%	73.0%	73.0%	73.0%	73.0%

第四节 税金及附加预测

税金及附加是公司在营业收入基础上按比例提交的税金及附加的费用，因此该科目与营业收入直接相关，通过计算该科目占营业收入的历史比例来预测。

历史年份税金及附加占营业收入的比例在 1.0% 左右，以 2023 年的历史比例作为参考来预测营业税金科目，令整个预测期营业税金占营业收入百分比等于 2023 年历史值，即 1.0%（小数点保留 1 位小数的显示结果，假设数据并非精准地为 1.0%）。

2024 年税金及附加 =2024 年营业收入 ×2024 年税金及附加占营业收入比例 =2 162.2×1.0%=22.4 亿元。复制该单元格的公式，向右填充至预测期期末。

第五节 销售费用、管理费用及研发费用预测

对于这三项费用，也将采用其各自占营业收入的百分比来预测。对于一些处于成熟行业的公司，像格力电器，其经营、销售网络比较稳定，这些费用占营业收入的比例也比较稳定。

除了使用占营业收入比例的方法外，有时也可以假设费用的增长率来预测。比如，对于要扩建销售渠道的公司而言，其销售费用的增长率可能高于营业收入增长率。这种情况下，假设销售费用的增长率就更为合理。

在简化的情况下，可以将这三项费用加总合并，总体计算这三费占营业收入的比例来进行预测。

格力电器的销售费用占营业收入比例在 2023 年呈现上升趋势，采取历史最后一年的比例，即 2023 年销售费用占营业收入百分比 8.4% 作为整个预测期参考。2024 销售费用 =2024 年营业收入 ×2024 年销售费用占营业收入比例 = 2 162.2×8.4%=181.6 亿元。

同理，管理费用也将采用参考历史最后一年比例。2023 年管理费用占营业

收入的 3.2%。2024 管理费用 =2024 年营业收入 × 管理费用占营业收入比例 = 2 162.2×3.2%=69.3 亿元。

研发费用采用参考历史 3 年比例均值的方法，2021—2023 年研发费用占营业收入的比例均值为 3.3%，因此 2024 研发费用 =2024 年营业收入 ×2024 年研发费用占营业收入比例 =2 162.2×3.3%=72.0 亿元。

选中这三行科目的公式，向右填充至预测期期末，参考表 5-6。

第六节　其他收益预测

格力电器的其他收益主要是政府补助，还有一小部分是个税手续费返还及其他。关于政府补助的处理方法是：与日常活动相关的政府补助，计入其他收益；与日常活动无关的政府补助，计入营业外收支。因为这里的政府补助是与日常活动相关的，所以将其放在 EBIT 之前，而且从历史数据来分析，认为政府补助是具有持续性的。

关于该科目的预测，采用预测期都等于历史期最后一年的方法，即预测期 10 年该科目数值都为 9 亿元。

第七节　EBIT 及 EBITDA 计算

在预测完以上科目后，就可以计算出公司的 EBIT，参考表 5-7。在我国企业会计准则标准形式的利润表中，是没有 EBIT 这个科目的，但是它和 EBITDA 这两个指标对于估值来说非常重要。在构建财务模型所使用的利润表中，我们会分别列出 EBIT 和 EBITDA 的科目。从估值乘数来说，EV/EBIT 和 EV/EBITDA 是两个常用的估值乘数。

EBIT= 营业总收入－营业成本－税金及附加－销售、管理和研发费用－
　　　其他业务成本（金融类）＋其他收益

EBITDA=EBIT+ 折旧摊销

表 5-6 格力电器三费预测

合并利润表（单位：百万元）	预测值									
截至 12 月 31 日	2024E	2025E	2026E	2027E	2028E	2029E	2030E	2031E	2032E	2033E
收入										
营业收入	216 218.0	229 191.1	238 358.8	247 893.1	257 808.8	265 543.1	273 509.4	278 979.6	284 559.2	287 404.8
其他类金融业务收入	928.5	829.9	741.8	663.0	592.6	529.7	473.4	423.2	378.2	338.1
营业总收入	217 146.6	230 021.0	239 100.5	248 556.1	258 401.4	266 072.8	273 982.8	279 402.7	284 937.4	287 742.8
营业成本	157 921.7	167 397.0	174 092.8	181 056.5	188 298.8	193 947.8	199 766.2	203 761.5	207 836.8	209 915.1
毛利润	59 224.9	62 624.1	65 007.7	67 499.6	70 102.6	72 125.0	74 216.6	75 641.2	77 100.6	77 827.7
税金及附加	2 241.0	2 375.5	2 470.5	2 569.3	2 672.1	2 752.3	2 834.8	2 891.5	2 949.4	2 978.9
销售费用	18 157.4	19 246.9	20 016.7	20 817.4	21 650.1	22 299.6	22 968.6	23 428.0	23 896.5	24 135.5
管理费用	6 934.7	7 350.8	7 644.8	7 950.6	8 268.6	8 516.7	8 772.2	8 947.6	9 126.6	9 217.8
研发费用	7 200.4	7 632.4	7 937.7	8 255.2	8 585.4	8 843.0	9 108.3	9 290.4	9 476.3	9 571.0
历史比率及假设										
营业收入增长率	6.0%	6.0%	4.0%	4.0%	4.0%	3.0%	3.0%	2.0%	2.0%	1.0%
其他类金融业务收入增长率	-10.6%	-10.6%	-10.6%	-10.6%	-10.6%	-10.6%	-10.6%	-10.6%	-10.6%	-10.6%
营业成本占营业收入比例	73.0%	73.0%	73.0%	73.0%	73.0%	73.0%	73.0%	73.0%	73.0%	73.0%
税金及附加占营业收入比例	1.0%	1.0%	1.0%	1.0%	1.0%	1.0%	1.0%	1.0%	1.0%	1.0%
销售费用占营业收入比例	8.4%	8.4%	8.4%	8.4%	8.4%	8.4%	8.4%	8.4%	8.4%	8.4%
管理费用占营业收入比例	3.2%	3.2%	3.2%	3.2%	3.2%	3.2%	3.2%	3.2%	3.2%	3.2%
研发费用占营业收入比例	3.3%	3.3%	3.3%	3.3%	3.3%	3.3%	3.3%	3.3%	3.3%	3.3%

表 5-7 格力电器 EBIT 预测

合并利润表（单位：百万元）						预测值					
截至 12 月 31 日	2024E	2025E	2026E	2027E	2028E	2029E	2030E	2031E	2032E	2033E	
收入											
营业收入	216 218.0	229 191.1	238 358.8	247 893.1	257 808.8	265 543.1	273 509.4	278 979.6	284 559.2	287 404.8	
其他类金融业务收入	928.5	829.9	741.8	663.0	592.6	529.7	473.4	423.2	378.2	338.1	
营业总收入	217 146.6	230 021.0	239 100.5	248 556.1	258 401.4	266 072.8	273 982.8	279 402.7	284 937.4	287 742.8	
营业成本	157 921.7	167 397.0	174 092.8	181 056.5	188 298.8	193 947.8	199 766.2	203 761.5	207 836.8	209 915.1	
毛利润	59 224.9	62 624.1	65 007.7	67 499.6	70 102.6	72 125.0	74 216.6	75 641.2	77 100.6	77 827.7	
税金及附加	2 241.0	2 375.5	2 470.5	2 569.3	2 672.1	2 752.3	2 834.8	2 891.5	2 949.4	2 978.9	
销售费用	18 157.4	19 246.9	20 016.7	20 817.4	21 650.1	22 299.6	22 968.6	23 428.0	23 896.5	24 135.5	
管理费用	6 934.7	7 350.8	7 644.8	7 950.6	8 268.6	8 516.7	8 772.2	8 947.6	9 126.6	9 217.8	
研发费用	7 200.4	7 632.4	7 937.7	8 255.2	8 585.4	8 843.0	9 108.3	9 290.4	9 476.3	9 571.0	
其他业收益	150.6	134.7	120.4	107.6	96.1	85.9	76.8	68.7	61.4	54.8	
其他业务成本（金融类）	900.7	900.7	900.7	900.7	900.7	900.7	900.7	900.7	900.7	900.7	
息税前利润（EBIT）	25 441.4	26 784.6	27 718.3	28 700.1	29 730.9	30 528.2	31 356.6	31 915.6	32 491.2	32 770.3	
历史比率及假设											
营业收入增长率	6.0%	6.0%	4.0%	4.0%	4.0%	3.0%	3.0%	2.0%	2.0%	1.0%	
其他类金融业务收入增长率	−10.6%	−10.6%	−10.6%	−10.6%	−10.6%	−10.6%	−10.6%	−10.6%	−10.6%	−10.6%	
营业成本占营业收入比例	73.0%	73.0%	73.0%	73.0%	73.0%	73.0%	73.0%	73.0%	73.0%	73.0%	
税金及附加占营业收入比例	1.0%	1.0%	1.0%	1.0%	1.0%	1.0%	1.0%	1.0%	1.0%	1.0%	
销售费用占营业收入比例	8.4%	8.4%	8.4%	8.4%	8.4%	8.4%	8.4%	8.4%	8.4%	8.4%	
管理费用占营业收入比例	3.2%	3.2%	3.2%	3.2%	3.2%	3.2%	3.2%	3.2%	3.2%	3.2%	
研发费用占营业收入比例	3.3%	3.3%	3.3%	3.3%	3.3%	3.3%	3.3%	3.3%	3.3%	3.3%	
其他业务成本（金融类）占其他类金融业务收入比例	16.2%	16.2%	16.2%	16.2%	16.2%	16.2%	16.2%	16.2%	16.2%	16.2%	

因为折旧摊销与资产负债表的固定资产、在建工程和无形资产等科目相关，现在还没有进行预测。在调整后的历史利润表最后，我们计算了历史的 EBITDA，现在可以将 2023 年 EBIT 和 EBITDA 合计公式向右复制到预测期期末。在完成折旧摊销预测后，再回到利润表链接上这个空缺的科目。

第八节　有效税率的计算

使用所得税除以税前利润（EBIT），可以计算出有效税率，格力电器历史有效税率为 15% 左右，一般企业的所得税税率为 25%，说明公司是享有一些税收优惠的。这里假设预测期有效税率为历史 3 年均值，也就是 15.3%。我们在后面计算自由现金流也需要用到税率，先将假设数据输入利润表中。格力电器 EBIT 预测见表 5-7。格力电器利润表比率计算及假设见表 5-8。

第九节　折旧摊销计划表计算及预测

在 DCF 建模中，折旧摊销的预测有两种方法：方法一比较简单，将折旧摊销占基于历史营业收入的百分比作为未来折旧预测的参考；方法二是构建一张折旧摊销明细表，这里既要考虑公司目前已经拥有的固定资产及无形资产，也要考虑其未来可能投入的新增固定资产和无形资产，即资本性支出（CAPEX）。通常采用方法二来进行折旧摊销的预测，详见下节。

第十节　固定资产及折旧

折旧是对资产老化的会计处理。固定资产在预期使用寿命内，按照确定的方法对应计折旧额进行的系统分摊。影响固定资产折旧的因素包括固定资产的原值、预计净残值、固定资产使用寿命、折旧的方法以及固定资产减值准备等。

表 5-8 格力电器利润表比率计算及假设

合并利润表(单位：百万元)截至12月31日	实际值					预测值									
	2019A	2020A	2021A	2022A	2023A	2024E	2025E	2026E	2027E	2028E	2029E	2030E	2031E	2032E	2033E
历史比率及假设															
营业收入增长率		-15.1%	11.7%	0.6%	7.9%	6.0%	6.0%	4.0%	4.0%	4.0%	3.0%	3.0%	2.0%	2.0%	1.0%
其他类金融业务收入增长率		-2.4%	-22.3%	-34.9%	-10.6%	-10.6%	-10.6%	-10.6%	-10.6%	-10.6%	-10.6%	-10.6%	-10.6%	-10.6%	-10.6%
营业成本占营业收入比例	72.4%	73.9%	75.7%	74.0%	69.4%	73.0%	73.0%	73.0%	73.0%	73.0%	73.0%	73.0%	73.0%	73.0%	73.0%
税金及附加占营业收入比例	0.8%	0.6%	0.6%	0.9%	1.0%	1.0%	1.0%	1.0%	1.0%	1.0%	1.0%	1.0%	1.0%	1.0%	1.0%
销售费用占营业收入比例	9.2%	7.8%	6.2%	6.0%	8.4%	8.4%	8.4%	8.4%	8.4%	8.4%	8.4%	8.4%	8.4%	8.4%	8.4%
管理费用占营业收入比例	1.9%	2.1%	2.2%	2.8%	3.2%	3.2%	3.2%	3.2%	3.2%	3.2%	3.2%	3.2%	3.2%	3.2%	3.2%
研发费用占营业收入比例	3.0%	3.6%	3.4%	3.3%	3.3%	3.3%	3.3%	3.3%	3.3%	3.3%	3.3%	3.3%	3.3%	3.3%	3.3%
其他业务成本（金融类）占其他类金融业务收入比例	4.7%	13.3%	29.4%	7.1%	12.2%	16.2%	16.2%	16.2%	16.2%	16.2%	16.2%	16.2%	16.2%	16.2%	16.2%
有效税率	15.4%	15.3%	14.8%	15.5%	15.5%	15.3%	15.3%	15.3%	15.3%	15.3%	15.3%	15.3%	15.3%	15.3%	15.3%
少数股东损益占净利润比例	0.5%	0.5%	-1.0%	-6.5%	-4.7%										

固定资产是公司为了生产经营活动而持有的有形资产，这类资产的使用寿命在一年以上，通常表现为公司所有的不动产、厂房以及设备（Property, Plant and Equipment，PP&E）。固定资产有固定资产原值、固定资产净值、固定资产净额之分。固定资产原值反映的是取得固定资产的成本，固定资产净值是指固定资产原值扣掉累计折旧后的余额，固定资产净额是固定资产净值减去资产减值准备后的余额。在会计报表里，资产负债表上的固定资产指的是固定资产净额。

折旧方法包括年限平均法（直线法）、工作量法、双倍余额递减法和年数总和法等。不同折旧方法的折旧额计算公式如下（假设没有固定资产减值）。

（1）年限平均法（直线法）：

年折旧额 = 固定资产原值 ×（1- 预计净残值率）/ 折旧年限

（2）工作量法：

单位工作量折旧额 = 固定资产原值 ×（1- 预计净残值率）/ 预计总工作量
某项固定资产月折旧额 = 该项固定资产当月工作量 × 单位工作量折旧额

（3）双倍余额递减法：

年折旧额 = 固定资产净值 ×2/ 预计使用寿命

（4）年数总和法：

年折旧额 =（固定资产原值 - 预计净残值）× 尚可使用寿命 /
预计使用寿命的年数总和

不同公司选用的固定资产折旧方法可能不同，但通常不会随意改变。对于上市公司，可以从年报中获知其固定资产折旧方法。年限平均法（直线法）是最常见的一种折旧方法，该方法对应计折旧额按照预计的使用年限进行平均分摊。根据格力电器2023年年报，固定资产折旧采用年限平均法计提折旧，如表5-9所示。

表5-9 格力电器固定资产的类别、使用寿命和预计净残值率确定的年折旧率

固定资产类别	预计净残值率 /%	预计使用年限 / 年	年折旧率 /%
房屋、建筑物	5.00	20	4.75
机器设备	5.00	6～10	9.50～15.83
电子设备	5.00	2～3	31.67～47.50

续表

固定资产类别	预计净残值率 /%	预计使用年限 / 年	年折旧率 /%
运输设备	5.00	3～4	23.75～31.67
其他	5.00	3～5	19.00～31.67

从表5-9可以看出，固定资产汇总了不同类别、不同使用年限的资产，并且根据固定资产类别不同，使用年限从2年到20年不等。想要精确预测未来的固定资产折旧费用，最好的办法就是获得公司所拥有的资产清单，其中包含每项资产的使用年限、初始购入价值以及购买年份，但是上述信息几乎无法从公开渠道获得，所以一般预测折旧的方法是分析历史计提折旧的趋势，我们预测该趋势将延续至未来。我们对资产使用年限做了一个宽泛的假设，并构建直线折旧计划表；然后再调整相关假设，使计提的折旧费用接近延续历史计提趋势所预计的折旧费用水平。

注意：通常情况下折旧费用不会出现大幅减少，除非公司变卖了某些资产，或者其大部分资产已经被完全计提折旧。反过来，如果折旧费用出现大幅上升也是非同寻常的，除非公司收购了另一家公司或购入了一项资产。我们应该进行相关研究，以确认公司未发生诸如上述的重大事项。

第十一节　固定资产的一般预测（简化考虑在建工程的情况）

预测固定资产时，一般使用BASE法则。资产负债表中的其他一些科目，如无形资产、有息负债及股东权益等科目都可以采用BASE法则进行预测。BASE法则的公式为：期初值＋增加项－减少项＝期末值。其具体含义是：用该科目的期初数值（beginning），加上当期使该科目增加的项目（addition），减去当期使该科目减少的项目（subtraction），得到该科目的期末数值（ending），取这四个英文单词的首字母即BASE。

对固定资产科目预测，增加项为固定资产购建（CAPEX），一般包括：①当年维修性质的固定资产购建；②当年购入或建造的新的固定资产中，无须经过安装就可直接使用的部分；③当年购建的新的固定资产中，需经过安装工程的，本年已经达产的部分，直接计入固定资产，没有达产的部分在当年计入在建工程，达产后才能转入固定资产。在实际建模中，当在建工程规模较小时，可以将在建工程合并到固定资产中，进行整体预测，或者在预测期假设在建工程与历史保持一致，对在建工程转入固定资产不做考虑。这里需要掌握的一个基本原则是，估值建模并非完全精准地采用会计处理方法，特别是对未来的长期预测，并不需要按照财务预算的方式来进行，只要假设不对现金流预测的结果产生重大的偏离，就可以简化一些处理方式，从而提升工作的效率。

固定资产的减少项为折旧，折旧分为现有固定资产折旧和新增固定资产产生的折旧。对于现有固定资产折旧，根据现有固定资产情况和折旧政策进行预测，如采用直线法，将现有固定资产陆续折旧完。对于新增固定资产产生的折旧，需要分别计算每笔新增固定资产在形成之后每年产生的折旧，然后将其加总，得到新增固定资产产生的折旧。最后计算折旧合计，等于现有固定资产的折旧加上每年新增固定资产（CAPEX）的折旧合计。

注意：按照会计准则的规定，固定资产应当按月计提折旧，当月增加的固定资产，当月不计提折旧，从下月计提折旧。从理论上讲，固定资产折旧应当按月计算，但是DCF模型一般是年度模型，按月计算过于复杂，也没有充分的数据。同样，在实际建模中可以进行简化。这里使用的模型案例新增CAPEX假设在期初投入使用，在当年使用整年折旧。

表5-10给出了案例公司格力电器的固定资产的计算过程，步骤如下。

（1）预测期初值。预测期第一年即2024年固定资产的期初值等于2023年固定资产的期末值，直接引用2023年资产负债表固定资产科目数值即可。

（2）预测增加项。需要考虑公司的经营情况和规划，对公司的CAPEX进行预测，这里简单使用历史CAPEX占营业收入的比例作为未来参考，使用这种方法，可以保证固定资产净值随着公司收入增长而增长。历史CAPEX数值来自历史现金流量表中投资活动产生的现金流量下"购建固定资产、无形资产和其他长期资产支付的现金"科目。2019—2023年CAPEX占营业收入的比例分别为2.4%、2.7%、3.0%、3.2%和2.7%，在3%上下浮动，暂且使用3%作为预测期参考，然后从利润表中链接已经预测的营业收入数值，就可以计算出预测期CAPEX。

表 5-10 固定资产预测

折旧计划表（单位：百万元）	实际值					预测值									
截至 12 月 31 日	2019A	2020A	2021A	2022A	2023A	2024E	2025E	2026E	2027E	2028E	2029E	2030E	2031E	2032E	2033E
CAPEX	4 713.2	4 528.7	5 727.1	6 036.1	5 425.7	6 486.5	6 875.7	7 150.8	7 436.8	7 734.3	7 966.3	8 205.3	8 369.4	8 536.8	8 622.1
CAPEX 占营业收入百分比	2.4%	2.7%	3.0%	3.2%	2.7%	3.0%	3.0%	3.0%	3.0%	3.0%	3.0%	3.0%	3.0%	3.0%	3.0%
固定资产期初值						34 034.8	35 834.6	37 565.1	39 094.0	40 413.1	41 514.1	42 316.0	42 809.9	42 909.9	42 608.2
CAPEX						6 486.5	6 875.7	7 150.8	7 436.8	7 734.3	7 966.3	8 205.3	8 369.4	8 536.8	8 622.1
本年折旧						4 686.8	5 145.2	5 621.9	6 117.7	6 633.3	7 164.4	7 711.4	8 269.4	8 838.5	9 413.3
固定资产期末值					34 034.8	35 834.6	37 565.1	39 094.0	40 413.1	41 514.1	42 316.0	42 809.9	42 909.9	42 608.2	41 817.1
折旧年限															
现有固定资产						8.0									
CAPEX						15.0	15.0	15.0	15.0	15.0	15.0	15.0	15.0	15.0	15.0
折旧额															
现有固定资产						4 254.4	4 254.4	4 254.4	4 254.4	4 254.4	4 254.4	4 254.4	4 254.4	4 254.4	4 254.4
2024 年 CAPEX						432.4	432.4	432.4	432.4	432.4	432.4	432.4	432.4	432.4	432.4
2025 年 CAPEX							458.4	458.4	458.4	458.4	458.4	458.4	458.4	458.4	458.4
2026 年 CAPEX								476.7	476.7	476.7	476.7	476.7	476.7	476.7	476.7
2027 年 CAPEX									495.8	495.8	495.8	495.8	495.8	495.8	495.8
2028 年 CAPEX										515.6	515.6	515.6	515.6	515.6	515.6
2029 年 CAPEX											531.1	531.1	531.1	531.1	531.1
2030 年 CAPEX												547.0	547.0	547.0	547.0
2031 年 CAPEX													558.0	558.0	558.0
2032 年 CAPEX														569.1	569.1
2033 年 CAPEX															574.8
折旧合计						4 686.8	5 145.2	5 621.9	6 117.7	6 633.3	7 164.4	7 711.4	8 269.4	8 838.5	9 413.3

（3）预测减少项。预测期2024—2033年每年固定资产的折旧额=2024年固定资产期初值/现有固定资产折旧年限，每年新增CAPEX的折旧=当年CAPEX/CAPEX折旧年限，注意2024年CAPEX的折旧是从2024年开始计算，2025年CAPEX的折旧从2025年开始计算，并以此类推，最后折旧额计算出来会呈现一个倒三角形。加总现有固定资产的折旧和每年CAPEX的折旧后，将合计数值链接到上面来计算固定资产期末值。这里假设固定资产残值为0，现有固定资产的折旧年限为8年，每年新增CAPEX的折旧年限为15年。固定资产和CAPEX的折旧年限假设会影响折旧费用增长，我们可以自行调整折旧年限。需要重申的是，这里介绍的折旧费用预测方法是一个大概假设，想要获得准确的结果，需要掌握所有购入资产的详细数据，包括逐项资产的购入成本、购入日期以及使用年限。鉴于上述数据难以获得，需要重点关注折旧费用所表现出的大趋势，让预测的折旧费用接近历史折旧费用水平。根据以上假设，2024年现有固定资产的折旧额=340.3/8=42.5亿元，2024年CAPEX的折旧额=2024年CAPEX/2024年CAPEX折旧年限=64.9/15=4.3亿元，2024年折旧合计为46.9亿元。以此类推，2025—2033年的折旧合计也可以计算出来。

（4）计算固定资产期末值。2024年固定资产期末值=2024年固定资产期初值+CAPEX-折旧=340.3+64.9-46.9=358.3亿元。然后将2024年的公式向右复制完成预测期该科目的计算。

第十二节　固定资产的详细预测（考虑在建工程转固定资产的情况）

如果考虑在建工程转固定资产的情况，那么使用BASE法则计算固定资产的公式会有一些变化，增加项包括"固定资产购建（新增固定资产）"和"在建工程转固定资产"。如果想更详细地构建固定资产预测，除了折旧，还可以在减少项里放入"固定资产减值准备"。

在建工程的预测同样使用BASE法则，在建工程期初值+固定资产购建（新增在建工程）-在建工程转固定资产=在建工程期末值。

参考表5-11，详细预测计算步骤如下。

表 5-11 在建工程及固定资产的预测

折旧摊销计划表（单位：百万元）截至12月31日

	实际值					预测值									
	2019A	2020A	2021A	2022A	2023A	2024E	2025E	2026E	2027E	2028E	2029E	2030E	2031E	2032E	2033E
在建工程															
在建工程期初值							6 563.9	6 563.9	6 563.9	6 563.9	6 563.9	6 563.9	6 563.9	6 563.9	6 563.9
固定资产购建（新增在建工程）						4 000.0	4 000.0	4 000.0	4 000.0	4 000.0	4 000.0	4 000.0	4 000.0	4 000.0	4 000.0
在建工程转固定资产						4 000.0	4 000.0	4 000.0	4 000.0	4 000.0	4 000.0	4 000.0	4 000.0	4 000.0	4 000.0
在建工程期末值						6 563.9	6 563.9	6 563.9	6 563.9	6 563.9	6 563.9	6 563.9	6 563.9	6 563.9	6 563.9
固定资产															
固定资产期初值						34 034.8	36 580.5	38 926.1	41 071.8	43 017.4	44 763.1	46 308.7	47 654.4	48 800.0	49 745.6
固定资产购建（新增固定资产）						3 000.0	3 000.0	3 000.0	3 000.0	3 000.0	3 000.0	3 000.0	3 000.0	3 000.0	3 000.0
在建工程转固定资产						4 000.0	4 000.0	4 000.0	4 000.0	4 000.0	4 000.0	4 000.0	4 000.0	4 000.0	4 000.0
折旧合计						4 454.4	4 654.4	4 854.4	5 054.4	5 254.4	5 454.4	5 654.4	5 854.4	6 054.4	6 254.4
固定资产减值准备															
固定资产期末值						34 034.8	36 580.5	38 926.1	41 071.8	43 017.4	44 763.1	46 308.7	47 654.4	48 800.0	49 745.6	50 491.3

续表

折旧摊销计划表
（单位：百万元）
截至12月31日

	实际值				预测值									
	2019A	2020A	2021A	2022A	2023A	2024E	2025E	2026E	2027E	2028E	2029E	2030E	2031E	2032E	2033E
折旧年限															
现有固定资产						8.0									
新增固定资产						15.0	15.0	15.0	15.0	15.0	15.0	15.0	15.0	15.0	15.0
折旧额															
现有固定资产						4 254.4	4 254.4	4 254.4	4 254.4	4 254.4	4 254.4	4 254.4	4 254.4	4 254.4	4 254.4
2024年新增固定资产						200.0	200.0	200.0	200.0	200.0	200.0	200.0	200.0	200.0	200.0
2025年新增固定资产							200.0	200.0	200.0	200.0	200.0	200.0	200.0	200.0	200.0
2026年新增固定资产								200.0	200.0	200.0	200.0	200.0	200.0	200.0	200.0
2027年新增固定资产									200.0	200.0	200.0	200.0	200.0	200.0	200.0
2028年新增固定资产										200.0	200.0	200.0	200.0	200.0	200.0
2029年新增固定资产											200.0	200.0	200.0	200.0	200.0
2030年新增固定资产												200.0	200.0	200.0	200.0
2031年新增固定资产													200.0	200.0	200.0
2032年新增固定资产														200.0	200.0
2033年新增固定资产															200.0
折旧合计						4 454.4	4 654.4	4 854.4	5 054.4	5 254.4	5 454.4	5 654.4	5 854.4	6 054.4	6 254.4

（1）在建工程的预测。从资产负债表中链接在建工程 2023 年年末数值到折旧摊销计划表，2024 年在建工程期初值等于 2023 年在建工程期末值，这里假设在预测期每年"固定资产购建（新增在建工程）"和"在建工程转固定资产"都为 40 亿元，2024 年在建工程期末值 =2024 年在建工程期初值 + 固定资产购建（新增在建工程）- 在建工程转固定资产。

（2）固定资产的预测。这里的操作与之前预测的步骤是一致的。增加项包括固定资产购建（新增固定资产）和在建工程转固定资产，这里假设预测期每年新增固定资产为 30 亿元，在建工程转固定资产数额从在建工程的预测部分链接，为每年 40 亿元。减少项为折旧合计和固定资产减值准备，折旧合计的计算方法与前文所述是一样的，等于现有固定资产折旧和新增固定资产产生的折旧，折旧年限假设分别为 8 年和 15 年。固定资产减值准备从利润表链接"资产减值损失"科目的数值，注意在公式前面加上负号。因为在利润表预测时没有对资产减值损失进行预测，数值为 0，这里固定资产减值准备也为 0。最后，固定资产期末值 = 固定资产期初值 + 固定资产购建（新增固定资产）+ 在建工程转固定资产 - 折旧合计 - 固定资产减值准备。

最后，将 2024 年所有科目的公式向右复制完成整个预测期的计算。

第十三节　无形资产及摊销的预测

无形资产是指企业拥有或者控制的没有实体形态的可辨认非货币性资产，包括专利权、非专利技术、商标权、著作权、土地使用权、特许权等。

无形资产预测，与固定资产预测是类似的，也是采用 BASE 法则：无形资产期初值 + 无形资产购建 - 摊销 = 无形资产期末值。无形资产购建和摊销会影响到现金流量表，无形资产摊销也会影响到 EBITDA 的计算。

在表 5-12 中，给出了无形资产及摊销预测的计算过程。

（1）预测期初值，第一年 2024 年无形资产的期初值等于 2023 年无形资产的期末值，从历史资产负债表引用 2023 年无形资产科目的数值，即 108.3 亿元。

（2）预测增加项，暂时不对无形资产购建进行预测，假设每年为0。

（3）预测减少项。每年无形资产摊销数值等于2024年无形资产期初值/无形资产摊销年限，假设摊销年限为30年，每年摊销数值=108.3/30=3.6亿元。

（4）计算期末值。2024年无形资产期末值=2024年无形资产期初值+无形资产购建－摊销=108.3+0-3.6=104.7亿元。

将2024年"无形资产期初值""无形资产购建""无形资产摊销"及"无形资产期末值"科目的公式向右复制，就可以完成整个预测期的计算。

折旧和摊销数据都计算出来后，可以加总出得到折旧摊销总的数值（这里使用的是考虑在建工程预测的折旧数据）。

然后将折旧摊销的数值链接回利润表，就能够计算出EBITDA，如表5-13所示。

第十四节 递延所得税

如果公司因资产账面价值与其计税基础不同产生了折旧差异，导致未来期间应交所得税增加或减少的情况，就会产生递延所得税负债或递延所得税资产。

递延所得税负债：当一项资产的账面价值高于其计税基础，或者一项负债的账面价值低于其计税基础时，会导致未来期间的应纳税所得额增加，从而在未来期间需要支付更多的所得税。这种情况下，公司需要在当前期间确认递延所得税负债。

举一个简单的例子来说明。企业新购入的固定资产账面价值1 000万元，企业按会计折旧年限为10年，每年折旧金额是100万元。按税法规定，企业可以按照加速折旧5年的方式计算应缴所得税。假设企业销售收入为300万元，没有任何其他成本或费用，这样就会因为不同的折旧年限，在会计记账层面和实际缴纳税款的数值上产生差额。这个产生的差额就是我们所说的递延所得税负债，只要有这个差额，递延所得税负债就会持续累计，直至反转。

表 5-12 无形资产及摊销的预测

折旧摊销计划表 (单位：百万元)	实际值						预测值									
截至 12 月 31 日	2019A	2020A	2021A	2022A	2023A	2024E	2025E	2026E	2027E	2028E	2029E	2030E	2031E	2032E	2033E
无形资产															
无形资产期初值						10 827.7	10 466.8	10 105.8	9 744.9	9 384.0	9 023.1	8 662.2	8 301.2	7 940.3	7 579.4
无形资产购建															
无形资产摊销						360.9	360.9	360.9	360.9	360.9	360.9	360.9	360.9	360.9	360.9
无形资产期末值					10 827.7	10 466.8	10 105.8	9 744.9	9 384.0	9 023.1	8 662.2	8 301.2	7 940.3	7 579.4	7 218.5
摊销年限						30.0									
摊销额						360.9	360.9	360.9	360.9	360.9	360.9	360.9	360.9	360.9	360.9
折旧摊销合计						4 815.3	5 015.3	5 215.3	5 415.3	5 615.3	5 815.3	6 015.3	6 215.3	6 415.3	6 615.3

表 5-13 EBITDA 的计算

合并利润表 (单位：百万元)	预测值									
截至 12 月 31 日	2024E	2025E	2026E	2027E	2028E	2029E	2030E	2031E	2032E	2033E
EBIT	25 441.4	26 784.6	28 222.0	29 491.0	30 833.8	31 958.5	33 136.0	34 049.0	34 995.2	35 637.1
折旧及摊销	4 815.3	5 015.3	5 215.3	5 415.3	5 615.3	5 815.3	6 015.3	6 215.3	6 415.3	6 615.3
EBITDA	30 256.7	31 799.8	33 437.3	34 906.3	36 449.1	37 773.8	39 151.3	40 264.3	41 410.5	42 252.4

从表 5-14 可以看出，因为折旧方法的差异，虽然企业会计报表列示了所得税为 50 万元，但企业仅仅实际缴纳了 25 万元，剩余的 25 万元并没有实际支出，并不是真正的现金流出。同时，这笔金额因为折旧年限不同而不同，虽然现在少缴税，但并不是说以后就不用再缴纳了，比如在第 6 年，会计报表依然在折旧期限内，在加速折旧方式下，前 5 年已经全部折旧完毕，第 6 年没有可用的折旧，这个时候实际缴税就要比会计报表列示的金额多。

表 5-14　第 1 年会计折旧与税务折旧 1　　　　　　　　　万元

项　　目	会计报表	税务报表
营业收入	300	300
折旧	100	200
税前利润	200	100
所得税	50	25
净利润	150	

如表 5-15 所示，从第 6 年开始，虽然财务会计报表只列了 50 万元的所得税，但实际上企业要缴纳的税款是 75 万元。这多交的 25 万元就会抵减之前累计的递延所得税负债。

表 5-15　第 1 年会计折旧与税务折旧 2　　　　　　　　　万元

项　　目	会计报表	税务报表
营业收入	300	300
折旧	100	0
税前利润	200	300
所得税	50	75
净利润	150	

递延所得税资产：当一项资产的账面价值低于其计税基础，或者一项负债的账面价值高于其计税基础时，会导致未来期间的应纳税所得额减少，从而在未来期间需要支付较少的所得税或甚至可以退税。这种情况下，公司需要在当前期间确认递延所得税资产。

递延税项的产生，是因为会计准则和税法在某些情况下对资产和负债的评估方法不同。例如，对于公司的固定资产科目，会计准则可能允许更慢的折旧方法，而税法则可能允许较快的折旧方法。这种差异会在不同期间内影响公司的税务负担，因此需要通过递延税项来反映这种时间差异。递延所得税负债和资产是财务报表重要的组成部分，它们反映了公司未来税务负担的变动情况。产生递延所得税资产和递延所得税负债的原因很多，除了折旧摊销在税务处理和会计处理的不同，还包括减值损失、存货评估及固定资产的处置等。

预测递延所得税，通常的做法是对账面折旧和税务折旧的不同折旧年限进行假设，来预测递延所得税，计算递延所得税负债/资产的变动，如表 5-16 所示。

假设针对现有固定资产和 CAPEX，在账面折旧和税务折旧下设定不同的折旧年份。在这个示例中，沿用前面固定资产的一般预测里的数据，假设税务折旧的年限比账面折旧的年限要短，这样会产生折旧差异，税务上计算的折旧额将会比账面上的折旧额高，因为税务上资产的折旧速度更快。这意味着税务上允许的折旧额更大，从而减少了税前利润，导致在税务上的所得税额较低。

计算税务折旧方法与计算账面折旧的方法一样，这里就不再赘述，用折旧差异乘以有效税率（此处有效税率等于历史 3 年有效税率的均值），得到递延所得税负债的增加（递延所得税），见表 5-16。

注意：在以上的示例中，做的假设是税务折旧年限要小于账面折旧年限，实际情况也可能是相反的，账面折旧年限小于税务折旧年限，那么最后计算出的折旧差异乘以税率体现的就是递延所得税资产的增加。

回到格力电器的案例，阅读格力电器 2023 年年报，找到关于递延所得税资产/负债的附注，可以看出，其递延所得税资产/负债来自很多科目，参见表 5-17 和表 5-18，简单地对折旧进行建模并不能展现全部的情况，很难使用年报中提供的有限信息来进行建模，所以采用简单方法对该科目进行预测，假设"递延所得税"科目预测期的数值都为 0。

表 5-16 递延所得税的计算

折旧计划表（单位：百万元）截至12月31日	实际值					预测值									
	2019A	2020A	2021A	2022A	2023A	2024E	2025E	2026E	2027E	2028E	2029E	2030E	2031E	2032E	2033E
CAPEX	4 713.2	4 528.7	5 727.1	6 036.1	5 425.7	6 486.5	6 875.7	7 150.8	7 436.8	7 734.3	7 966.3	8 205.3	8 369.4	8 536.8	8 622.1
CAPEX占营业收入百分比	2.4%	2.7%	3.0%	3.2%	2.7%	3.0%	3.0%	3.0%	3.0%	3.0%	3.0%	3.0%	3.0%	3.0%	3.0%
固定资产期初值						34 034.8	35 834.6	37 565.1	39 094.0	40 413.1	41 514.1	42 316.0	42 809.9	42 909.9	42 608.2
CAPEX						6 486.5	6 875.7	7 150.8	7 436.8	7 734.3	7 966.3	8 205.3	8 369.4	8 536.8	8 622.1
本年折旧						4 686.8	5 145.2	5 621.9	6 117.7	6 633.7	7 164.4	7 711.4	8 269.4	8 838.5	9 413.3
固定资产期末值					34 034.8	35 834.6	37 565.1	39 094.0	40 413.1	41 514.1	42 316.0	42 809.9	42 909.9	42 608.2	41 817.1
账面折旧															
折旧年限															
现有固定资产						8.0									
CAPEX						15.0	15.0	15.0	15.0	15.0	15.0	15.0	15.0	15.0	15.0
折旧额															
现有固定资产						4 254.4	4 254.4	4 254.4	4 254.4	4 254.4	4 254.4	4 254.4	4 254.4	4 254.4	4 254.4
2024年CAPEX						432.4	432.4	432.4	432.4	432.4	432.4	432.4	432.4	432.4	432.4
2025年CAPEX							458.4	458.4	458.4	458.4	458.4	458.4	458.4	458.4	458.4

续表

折旧计划表（单位：百万元）		实际值						预测值								
截至12月31日		2019A	2020A	2021A	2022A	2023A	2024E	2025E	2026E	2027E	2028E	2029E	2030E	2031E	2032E	2033E
2026年CAPEX									476.7	476.7	476.7	476.7	476.7	476.7	476.7	476.7
2027年CAPEX										495.8	495.8	495.8	495.8	495.8	495.8	495.8
2028年CAPEX											515.6	515.6	515.6	515.6	515.6	515.6
2029年CAPEX												531.1	531.1	531.1	531.1	531.1
2030年CAPEX													547.0	547.0	547.0	547.0
2031年CAPEX														558.0	558.0	558.0
2032年CAPEX															569.1	569.1
2033年CAPEX																574.8
折旧合计							4 686.8	5 145.2	5 621.9	6 117.7	6 633.3	7 164.4	7 711.4	8 269.4	8 838.5	9 413.3
税务折旧																
折旧年限																
现有固定资产							6.0									
CAPEX							12.0	12.0	12.0	12.0	12.0	12.0	12.0	12.0	12.0	12.0
折旧额																
现有固定资产							5 672.5	5 672.5	5 672.5	5 672.5	5 672.5	5 672.5	5 672.5	5 672.5	5 672.5	5 672.5

续表

折旧计划表（单位：百万元）

截至12月31日	实际值					预测值									
	2019A	2020A	2021A	2022A	2023A	2024E	2025E	2026E	2027E	2028E	2029E	2030E	2031E	2032E	2033E
2024年CAPEX						540.5	540.5	540.5	540.5	540.5	540.5	540.5	540.5	540.5	540.5
2025年CAPEX							573.0	573.0	573.0	573.0	573.0	573.0	573.0	573.0	573.0
2026年CAPEX								595.9	595.9	595.9	595.9	595.9	595.9	595.9	595.9
2027年CAPEX									619.7	619.7	619.7	619.7	619.7	619.7	619.7
2028年CAPEX										644.5	644.5	644.5	644.5	644.5	644.5
2029年CAPEX											663.9	663.9	663.9	663.9	663.9
2030年CAPEX												683.8	683.8	683.8	683.8
2031年CAPEX													697.4	697.4	697.4
2032年CAPEX														711.4	711.4
2033年CAPEX															718.5
折旧合计						6 213.0	6 786.0	7 381.9	8 001.6	8 646.1	9 310.0	9 993.8	10 691.2	11 402.6	12 121.1
折旧差值						1 526.2	1 640.8	1 760.0	1 883.9	2 012.9	2 145.6	2 282.4	2 421.9	2 564.1	2 707.9
税率%						15.3%	15.3%	15.3%	15.3%	15.3%	15.3%	15.3%	15.3%	15.3%	15.3%
递延所得税						233.0	250.5	268.7	287.6	307.3	327.6	348.5	369.7	391.5	413.4

表 5-17　未经抵销的递延所得税资产

项　目	期末余额		期初余额	
	可抵扣暂时性差异	递延所得税资产	可抵扣暂时性差异	递延所得税资产
预提费用	81 894 353 560.58	12 299 777 470.95	74 646 872 375.32	11 202 831 506.36
资产减值准备	9 185 884 979.39	1 563 753 624.25	6 643 992 630.67	1 130 458 707.56
可抵扣亏损	7 607 177 645.41	1 383 660 092.05	8 528 191 787.64	1 667 323 200.67
应付职工薪酬	2 403 160 852.09	368 434 495.66	1 488 929 099.06	230 456 696.17
租赁负债	855 196 661.01	210 201 073.63	212 875 571.23	47 385 845.47
资产摊销/折旧	285 078 030.33	43 422 888.16	264 225 302.62	39 712 114.04
其他权益工具投资公允价值变动	270 341 234.04	40 551 185.11		
其他	3 386 147 827.13	651 636 192.00	1 800 297 523.36	326 709 500.84
合计	105 887 340 789.98	16 561 437 021.81	93 585 384 289.90	14 644 877 571.11

表 5-18　未经抵销的递延所得税负债

项　目	期末余额		期初余额	
	应纳税暂时性差异	递延所得税负债	应纳税暂时性差异	递延所得税负债
应计利息	8 004 193 370.39	1 338 930 710.07	5 290 711 334.53	968 378 001.20
非同一控制企业合并资产评估增值	3 068 234 386.94	628 766 638.59	3 582 036 617.90	738 945 765.64
使用权资产	841 445 774.92	207 082 853.09	207 344 779.05	46 010 700.88
资产摊销	1 178 075 518.52	185 886 711.77	1 750 007 228.31	271 416 568.54
衍生金融资产公允价值变动	174 933 139.85	27 862 021.19	23 731 530.82	3 970 875.35
其他权益工具投资公允价值变动			433 527 038.34	65 029 055.75
其他	2 442 258 390.98	483 228 222.87	732 645 089.17	177 387 477.26
合计	15 709 140 581.60	2 871 757 157.58	12 020 003 618.12	2 271 138 444.62

我们在之前现金流量表介绍中列示了现金流量表补充资料，展示了如何使用间接法计算经营活动产生的现金流量，将其中递延所得税资产的减少和递延所得税负债的增加相加，就可以得到2023年的递延所得税数值。这里假

设递延所得税科目预测期为 0，代表了资产负债表中递延所得税资产科目和递延所得税负债科目在预测期没有增减变化，等于历史最后一年。

递延所得税科目对整体估值没有太大影响，可以暂时使用这一假设，并在有需要时再进行调整。等到估值分析结束后，可以进一步尝试使用不同的预测方法，看看是否会改变整体估值，以确定是否值得修改假设。

第六章
营运资本与自由现金流

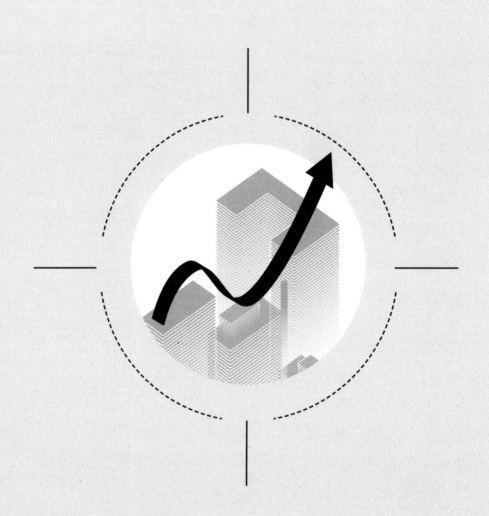

小案例

转眼之间，张鑫已经工作了5年，职位由原来的投资助理上升到投资经理的级别，手头也有了一些积蓄，也想利用闲钱买一些股票。张鑫认为自己可以承担较高的风险，所以比较关注成长性高的股票，于是找了一家近几年销售收入增长率都在30%以上的股票来进行研究。在计算营运资本周转比例的时候，张鑫发现了异常：存货周转天数明显逐年提升，由3年前的120天上升到了360天，且应收账款周转天数也同步大幅增加。从增长的绝对数值来看，销售收入的增长并没有带来经营现金流的提高，而是应收账款和存货同比大幅增加，经营现金流甚至出现了负值。张鑫对这个异常数据比例感到诧异，进一步去查阅了主要的销售对象，发现销售对象客户主要是一家注册在百慕大群岛的海外公司。张鑫已经知道大概是怎么回事了。

销售收入的高增长代表了企业产品具有非常吸引力的发展前景，这个假设的前提是销售收入增长是真实的增长，体现在财务数据上，就是企业的销售收入确实产生了现金收入，而不是应收账款的大比例增长。A股历史上知名的上市公司康得新（已退市）财务造假案例，就是通过虚增销售收入和虚增应收账款的舞弊方式，累计虚增利润119亿元。因此，营运资本分析可以帮助我们识别销售收入增长背后的真实情况，避免被虚假数据误导。通过分析应收账款、存货和现金流量等关键指标，能够判断销售收入是否转化为实际的现金流入，从而揭示潜在的财务风险或造假行为。同时，营运资本分析还能优化企业的资金管理，确保良好的流动性，平衡短期偿债能力和长期发展需求，是评估企业经营效率和财务健康状况的重要工具。

第一节 营运资本

营运资本等于公司流动资产与流动负债的差额。流动资产是指预计在未来 1 年内可以创造经济利益的资产，包括现金、存货以及应收账款等。流动负债是指在未来 1 年内到期的债务或财务责任，包括应付账款、应计负债等。

营运资本有助于我们确定流动资产创造的现金是否超过了未来 12 个月内将要到期的流动负债。如果营运资本是正的，即流动资产大于流动负债，说明我们可能有足够的资金来覆盖将要到期的负债。如果营运资本是负的，即流动资产小于流动负债，则表示我们将没有足够的资金用于偿还流动负债，这就是营运资本赤字。鉴于以上原因，营运资本被看作代表公司近期流动性的指标。

DCF 建模中仅仅关注营运资本的狭义概念，即经营性营运资本。经营性营运资本同样被定义为流动资产与流动负债的差值，但是流动资产中并没有包含现金及现金等价物，流动负债中也不包括短期借款。经营性营运资本能够很好地测度公司日常经营所产生的现金，有助于追踪公司对日常经营产生的现金的管理能力。

经营性营运资本的科目如表 6-1 所示，主要包括应收账款、预付账款、存货、应付账款和预收账款等。同时，在资产负债表中，还存在其他类型的流动资产与流动负债。

表 6-1 经营性营运资本的科目

经营性营运资本	科目
经营性流动资产	应收账款
	预付账款
	存货
	合同资产
	其他流动资产
经营性流动负债	应付账款
	预收账款
	合同负债
	应计负债和其他流动负债

在建模时，会合并一些性质相近的科目，在资产负债表调整部分将"应收票据及应收账款""应收款项融资"和"其他应收款"合并为"应收账款"，将"应付票据及应付账款"和"其他应付款"合并为"应付账款"。通常，预测营运流动资产科目有两种方法。

第一种方法快速但不准确，利用营运流动资金占营业收入的历史比例数据，以及未来营业收入的预测值，来预测每一年的营运流动资金及其变化值。当一家公司的详细财务信息无法获得、营运流动资金比率无法确定的时候，一般都会采用这种方法。

第二种方法准确但计算复杂，先预测经营性流动资产和经营性流动负债各个科目在预测期每一年的数据，再根据预测值来计算营运流动资金及其变化值。经营性流动资产和经营性流动负债科目通常是利用前1年或前3年的历史的财务比率来预测，在一些情况下，公司的发展趋势、管理层的指引、行业趋势可以作为预测这些指标的依据。通常，根据计算出来的3年历史比率，根据不同的情形，进行分析和判断，在合理的依据下，可以参考成本比率的取值方法，具体见表6-2。

表6-2 营运资金比率预测

情　　形	举例（应收账款周转天数）	预测取值
历史3年历史比率小幅变化	67, 69, 66	可以取3年均值
历史3年呈现单项趋势（上升或下降）	67, 68, 69	趋势明显，结合公司实际情况分析，可以取最近1年的值作为预测值
近两年较为稳定	69, 45, 44	近两年较为稳定，结合公司实际情况分析，可以取近两年平均值作为预测值
近3年大幅波动	120, 55, 98	数据存在大幅波动，结合公司实际情况和行业情况，纳入更多历史数据进行分析，并判断是否存在周期性

在预测这些科目时，比较常见的是计算与该科目相对应的周转率或者周转天数，如"应收账款周转率"或"应收账款周转天数"，也可以计算该科目

占营业收入或营业成本的比例,如"应收账款/营业收入"。周转率和周转天数属于公司经营管理中常见的指标,比起计算占营业收入或营业成本的比例,更具有财务分析的意义,所以更为常用。

一、经营性流动资产

(一)应收账款

应收账款是指已售出产品和服务赊销而欠公司的金额,应收账款周转天数计算公式如下:

应收账款周转天数=平均值(期初应收账款,期末应收账款)/营业收入×365

应收账款周转天数通过计算一家公司在产品和服务售出后需要多少天才能回款,来衡量该公司在管理其应收账款回款方面的表现。比如应收账款周转天数为30,表明该公司平均来说在最初销售完成后30天收到付款。一家公司的应收账款周转天数越少,它从赊销中收取现金的速度就越快。

应收账款的增加表明现金的使用,所以各个公司都努力实现应收账款的最小化,以便加快回收现金。一家公司的应收账款周转天数的上升,有可能是多种因素导致,包括条款重新商议、客户信用状况恶化、回款系统低效或者产品组合变化等。现金周期的延长会降低短期流动性,因为公司手头用于支撑短期业务运作、满足流动债务的现金减少了。

(二)预付账款

预付账款是一家公司在卖方产品交付或者服务兑现之前所支付的款项。和应收账款一样,预付账款的增加意味着现金的使用。预付账款周转天数的计算公式为

预付账款周转天数=平均值(期初预付账款,期末预付账款)/营业成本×365

(三)存货

存货是指公司原材料、在制品和产成品的价值。存货周转天数的计算公式为

存货周转天数=平均值(期初存货,期末存货)/营业成本×365

存货周转天数衡量的是一家公司售出其存货所需要的天数。存货的增加

意味着现金的使用，因此各公司都努力实现存货周转天数的最小化，尽快周转自己的存货，以实现存货所占现金额的最小化。此外，积压存货容易受损，或者因为产品更新或科技进步而惨遭淘汰。

（四）合同资产

"合同资产"和"合同负债"均为2020年开始实施的新收入准则下增加的科目。合同资产是一项有条件收款权，该收取合同对价的权利除了时间流逝之外，还取决于其他条件，如履约义务执行情况。无条件收取合同对价款的权利，计入"应收账款"，即企业仅仅随着时间的流逝即可收款，应收账款仅承担信用风险；而合同资产核算企业已向客户转让商品而取得的有条件收款权利，合同资产除了要承担信用风险外，还可能承担其他风险（如履约风险）。比如企业对外销售电梯的同时提供安装服务，按照合同规定，企业需要安装完电梯才能获得收款权，企业在转让电梯后，由于其他履约义务（安装服务）尚未完成，账面上不能确认为"应收账款"，而应先确认为"合同资产"，电梯安装完成客户验收后，再将电梯销售价款确认的"合同资产"结转至"应收账款"。在预测时可以采取与"应收账款"相同的逻辑，计算合同资产周转天数：

合同资产周转天数 = 平均值（期初合同资产，期末合同资产）/ 营业成本 ×365

（五）其他流动资产

其他流动资产一般按照历史水平预测为营业收入的一个百分比。

二、经营性流动负债

（一）应付账款

应付账款是指一家公司已经购买产品和服务所欠下的款项。应付账款周转天数计算公式为

应付账款周转天数 = 平均值（期初应付账款，期末应付账款）/ 营业成本 ×365

应付账款周转天数衡量的是一家公司用多少天时间来支付已购商品和服务的欠款。如果应付账款周转天数是45，表明该公司平均用45天向其他供应商付款。应付账款的增加代表的是现金的来源，因此各公司都致力于实现应付账款周转天数的最大化或者在合理范围内的推延，以便增强短期流动性。

（二）预收账款

预收账款是指一家公司在提供产品或服务前先收取的货款。预收账款周转天数的计算公式为

预收账款周转天数 = 平均值（期初预收账款，期末预收账款）/ 营业收入 ×365

（三）合同负债

"合同负债"核算企业应向客户交付商品或提供劳务的履约义务，强调合同履约义务，如企业已经收款，但是尚未向客户交付商品，对于企业有向客户按合同规定交付商品的义务，此时收到的款项，不再计入"预收账款"，而是计入"合同负债"。在预测时可以采取与"预收账款"相同的逻辑，计算合同负债周转天数：

合同负债周转天数 = 平均值（期初合同负债，期末合同负债）/ 营业收入 ×365

（四）应计负债和其他流动负债

应计负债是指一家公司已经发生但尚未支付的费用，如薪水、租金、利息和税费。应计负债和其他流动负债一般可以按照历史水平预测为收入或成本的一个比例数。

注意：计算周转天数使用365天或者360天都是可以的，只需要保证历史周转天数与科目预测使用统一口径即可。其他经营性营运资本科目，如其他流动资产、应付职工薪酬、应交税费和其他流动负债，可以使用占相关科目的历史比例进行预测。

三、链接历史数据

计算历史周转天数和比例，需要使用利润表的营业收入、营业成本和所得税科目数据，为了避免跨表引用，将这些科目的历史数据和预测值链接到营运资本变动表中。注意：由于利润表中目前只预测到EBIT科目，所得税科目还是空白的，可以先将公式链接过来，等到所有报表预测完成之后，数值会自动更新。

然后，从历史资产负债表遴选出如下科目，用于构建营运资本变动表：应收账款、预付账款、存货、合同资产、其他流动资产、应付账款、预收账款、合同负债、应付职工薪酬和其他流动负债，参见表6-3。

表 6-3 营运资本变动表历史数据

营运资本变动表 （单位：百万元） 截至 12 月 31 日	实际值				
	2019A	2020A	2021A	2022A	2023A
营业收入	198 153.0	168 199.2	187 868.9	188 988.4	203 979.3
营业成本	143 499.4	124 229.0	142 251.6	139 784.4	141 625.6
所得税	4 525.5	4 029.7	3 971.3	4 206.0	5 096.7
流动资产					
应收账款	36 898.7	29 859.0	39 787.1	44 063.2	27 189.5
预付账款	2 395.6	3 129.2	4 591.9	2 344.7	2 492.7
存货	24 084.9	27 879.5	42 765.6	38 314.2	32 579.1
合同资产		78.6	1 151.2	1 047.7	838.8
其他流动资产	23 091.1	15 617.3	9 382.2	4 704.6	24 868.9
经营性流动资产合计	**86 470.3**	**76 563.5**	**97 678.0**	**90 474.3**	**87 969.0**
流动负债					
应付账款	69 654.7	55 411.1	83 382.2	82 378.4	70 401.8
预收账款	8 225.7				
合同负债		11 678.2	15 505.5	14 972.3	13 588.8
应付职工薪酬	3 431.0	3 365.4	3 466.6	3 897.9	4 288.6
应交税费	3 703.8	2 301.4	2 230.5	3 819.4	4 337.6
其他流动负债	65 181.5	64 382.3	62 414.1	57 748.8	61 058.8
经营性流动负债合计	**150 196.7**	**137 138.3**	**166 998.9**	**162 816.8**	**153 675.6**
经营性营运资本	(63 726.4)	(60 574.8)	(69 320.9)	(72 342.5)	(65 706.6)
经营性营运资本变动		3 151.6	(8 746.1)	(3 021.6)	6 635.9

链接科目数值后，可以计算历史期每年的经营性营运资本及其变动，经营性营运资本＝经营性流动资产合计－经营性流动负债合计，经营性营运资本变动计算的是增加，使用本年度数据减去上一年数据，以 2023 年为例，2023 年经营性营运资本变动＝2023 年经营性营运资本－2022 年经营性营运资本。

注意：经营性营运资本等于经营性流动资产和经营性流动负债的差值，

既可以为正也可以为负。正的经营性营运资本代表公司的现金被上、下游所占用,公司在发展时投入的资金不仅需要进行长期资产建设,还需要满足日常运营的资产侵占;负的经营性营运资金代表公司可以占用上、下游的资金来进行自身的发展,且此占用为商业占用,通常无须付息。经营性营运资本的正负取决于公司与产业链上、下游的溢价能力。一般来说,议价能力较强的公司,经营性营运资本通常为负值,而对于一些在产业链中处于弱势地位的公司,往往会有比较多的应收账款或预付账款,其经营性营运资本为正值。

经营性营运资本的增加代表现金的流出,减少代表现金的流入,在计算自由现金流的时候需要厘清经营性营运资本变动是增加还是减少,如果是增加,需要从自由现金流中减去;反之则应该加上。对于一些建模初学者而言,常常在此处感到困惑,到底是扣除还是加回经营性营运资本的变动,其实是对于现金流是流出还是流入没有理解。

四、周转天数及比例的计算

如果要计算 2023 年的应收账款周转天数,按照之前讲解的公式:

$$2023 年应收账款周转天数 = \frac{平均值(2022 年应收账款,2023 年应收账款)}{2023 年营业收入} \times 365$$

2024 应收账款周转天数计算逻辑也是相同的,通过公式变形能得到预测期应收账款科目的计算方法:

$$2024 年应收账款周转天数 = \frac{平均值(2023 年应收账款,2024 年应收账款)}{2024 年营业收入} \times 365$$

公式整理为

$$2024 年应收账款 = \left(\frac{2024 年应收账款周转天数}{365} \times 2024 年营业收入\right) \times 2 - 2023 年应收账款$$

从变形后公式可以看出,要预测 2024 年应收账款,需要对 2024 年的应收账款周转天数进行假设,一般需要计算出历史期 3 年至 5 年的周转天数,作为未来预测期周转天数的参考。

但是,以上这个变形公式比较复杂,如果在历史期用均值计算周转天数,预测期也需要用相同逻辑预测。为了简化计算和保证前后逻辑一致性，这里使用营运资本科目的期末值来计算周转天数及相关比例，预测期也用当期期末值进行预测。总之，使用均值或者期末值都是可以的，保持历史期与预测期计算逻辑一致即可。

回到模型里，2023 年的历史比率计算公式如下：

$$2023\text{ 年应收账款周转天数} = \frac{2023\text{ 年应收账款}}{2023\text{ 年营业收入}} \times 365$$

$$2023\text{ 年预付账款周转天数} = \frac{2023\text{ 年预付账款}}{2023\text{ 年营业成本}} \times 365$$

$$2023\text{ 年存货周转天数} = \frac{2023\text{ 年存货}}{2023\text{ 年营业成本}} \times 365$$

$$2023\text{ 年合同资产周转天数} = \frac{2023\text{ 年合同资产}}{2023\text{ 年营业成本}} \times 365$$

2023 年其他流动资产占营业收入比例 =2023 年其他流动资产 /2023 年营业收入

$$2023\text{ 年应付账款周转天数} = \frac{2023\text{ 年应付账款}}{2023\text{ 年营业成本}} \times 365$$

$$2023\text{ 年合同负债周转天数} = \frac{2023\text{ 年合同负债}}{2023\text{ 年营业收入}} \times 365$$

2023 年应付职工薪酬占营业成本比例 =2023 年应付职工薪酬 /2023 年营业成本 ×100%

2023 年应交税费占所得税比例 =2023 年应交税费 /2023 年所得税 ×100%

2023 年其他流动负债占营业收入比例 =2023 年其他流动负债 /2023 年营业收入 ×100%

预收账款科目历史 3 年数值为 0，所以没有计算其周转天数，预测期也不进行预测，数值都为 0。预收账款周转天数的计算公式是使用期末预收账款数值除以营业收入，再乘以 365 天。

这里其他流动负债主要是指销售返利，所以计算其他流动负债占营业收入的历史比例作为预测指标。历史期周转天数及相关比例的计算结果参见表 6-4。

表 6-4 历史比率的计算

营运资本变动表 （单位：百万元）	实 际 值				
截至 12 月 31 日	2019A	2020A	2021A	2022A	2023A
应收账款周转天数	68.0	64.8	77.3	85.1	48.7
预付账款周转天数	6.1	9.2	11.8	6.1	6.4
存货周转天数	61.3	81.9	109.7	100.0	84.0
合同资产周转天数		0.2	3.0	2.7	2.2
其他流动资产占营业收入比例	11.7%	9.3%	5.0%	2.5%	12.2%
应付账款周转天数	177.2	162.8	213.9	215.1	181.4
合同负债周转天数		25.3	30.1	28.9	24.3
应付职工薪酬占营业成本比例	2.4%	2.7%	2.4%	2.8%	3.0%
应交税费占所得税比例	81.8%	57.1%	56.2%	90.8%	85.1%
其他流动负债占营业收入比例	32.9%	38.3%	33.2%	30.6%	29.9%

五、经营性营运资本计算

对经营性营运流动资金各科目做了假设，参见表 6-5。预测期应收账款周转天数以及其他流动资产占营业收入百分比假设等于历史 3 年比例的均值；预付账款周转天数、存货周转天数和合同资产周转天数假设等于其历史 3 年最大值；合同负债周转天数、应付职工薪酬占营业成本比例、应交税费占所得税比例和其他流动负债占营业收入比例假设等于其历史 3 年最小值。

关于应付账款周转天数，考虑到应收账款和应付账款长期是匹配的，假设 2024 年的预测值等于历史 3 年最小值，然后逐年减少，每年减少 12 天，到预测期末 2033 年等于 73.4 天，接近应收账款的 70.4 天。

暂且使用这种假设，是因为对于流动资产科目而言，周转天数越多，预测出的流动资产数值越大；对于流动负债科目，周转天数越少，预测出的流动负债数值越小，那么二者的差值，也就是计算出的经营性营运资本科目数值越大，模型的结果越保守。

表 6-5 经营性营运资本科目的假设

营运资本变动表（单位：百万元）截至12月31日	实际值					预测值									
	2019A	2020A	2021A	2022A	2023A	2024E	2025E	2026E	2027E	2028E	2029E	2030E	2031E	2032E	2033E
应收账款周转天数	68.0	64.8	77.3	85.1	48.7	70.4	70.4	70.4	70.4	70.4	70.4	70.4	70.4	70.4	70.4
预付账款周转天数	6.2	9.2	11.8	6.1	6.4	11.8	11.8	11.8	11.8	11.8	11.8	11.8	11.8	11.8	11.8
存货周转天数	61.3	81.9	109.7	100.0	84.0	109.7	109.7	109.7	109.7	109.7	109.7	109.7	109.7	109.7	109.7
合同资产周转天数		0.2	3.0	2.7	2.2	3.0	3.0	3.0	3.0	3.0	3.0	3.0	3.0	3.0	3.0
其他流动资产占营业收入比例	11.7%	9.3%	5.0%	2.5%	12.2%	6.6%	6.6%	6.6%	6.6%	6.6%	6.6%	6.6%	6.6%	6.6%	6.6%
应付账款周转天数	177.2	162.8	213.9	215.1	181.4	181.4	169.4	157.4	145.4	133.4	121.4	109.4	97.4	85.4	73.4
合同负债周转天数		25.3	30.1	28.9	24.3	24.3	24.3	24.3	24.3	24.3	24.3	24.3	24.3	24.3	24.3
应付职工薪酬占营业成本比例	2.4%	2.7%	2.4%	2.8%	3.0%	2.4%	2.4%	2.4%	2.4%	2.4%	2.4%	2.4%	2.4%	2.4%	2.4%
应交税费占所得税比例	81.8%	57.1%	56.2%	90.8%	85.1%	56.2%	56.2%	56.2%	56.2%	56.2%	56.2%	56.2%	56.2%	56.2%	56.2%
其他流动负债占营业收入比例	32.9%	38.3%	33.2%	30.6%	29.9%	29.9%	29.9%	29.9%	29.9%	29.9%	29.9%	29.9%	29.9%	29.9%	29.9%

后续通过情景分析功能来改变这些假设，分析这些假设对估值结果的影响。目前在没有更具体的依据和指引之前，暂且使用这种假设。

这些假设数据确定之后，就可以着手计算预测期的科目，以2024年为例：

$$2024\text{年应收账款} = \frac{2024\text{年应收账款周转天数}}{365} \times 2024\text{年营业收入}$$

$$2024\text{年预付账款} = \frac{2024\text{年预付账款周转天数}}{365} \times 2024\text{年营业成本}$$

$$2024\text{年存货} = \frac{2024\text{年存货周转天数}}{365} \times 2024\text{年营业成本}$$

$$2024\text{年合同资产} = \frac{2024\text{年合同资产周转天数}}{365} \times 2024\text{年营业成本}$$

$$2024\text{年其他流动资产} = 2024\text{年其他流动资产占营业收入比例} \times 2024\text{年营业收入}$$

$$2024\text{年应付账款} = \frac{2024\text{年应付账款周转天数}}{365} \times 2024\text{年营业成本}$$

$$2024\text{年合同负债} = \frac{2024\text{年合同负债周转天数}}{365} \times 2024\text{年营业收入}$$

$$2024\text{年应付职工薪酬} = 2024\text{年应付职工薪酬占营业成本比例} \times 2024\text{年营业成本}$$

$$2024\text{年应交税费} = 2024\text{年应交税费占所得税比例} \times 2024\text{年所得税}$$

$$2024\text{年其他流动负债} = 2024\text{年其他流动负债占营业收入比例} \times 2024\text{年营业收入}$$

复制2023年营运资本科目预测的各个公式向右填充，完成营运资本变动表的预测。同时，将经营性流动资产和经营性流动负债的合计公式，还有经营性营运资本及其变动公式也从历史期复制到预测期，参见表6-6。

表 6-6 经营性营运资本科目的计算

营运资本变动表（单位：百万元）截至12月31日	2024E	2025E	2026E	2027E	2028E	2029E	2030E	2031E	2032E	2033E
营业收入	216 218.0	229 191.1	238 358.8	247 893.1	257 808.8	265 543.1	273 509.4	278 979.6	284 559.2	287 404.8
营业成本	157 921.7	167 397.0	174 092.8	181 056.5	188 298.8	193 947.8	199 766.2	203 761.5	207 836.8	209 915.1
所得税										
流动资产										
应收账款	41 674.5	44 175.0	45 942.0	47 779.7	49 690.9	51 181.6	52 717.0	53 771.3	54 846.8	55 395.3
预付账款	5 097.7	5 403.6	5 619.7	5 844.5	6 078.3	6 260.6	6 448.5	6 577.4	6 709.0	6 776.1
存货	47 476.5	50 325.1	52 338.1	54 431.7	56 608.9	58 307.2	60 056.4	61 257.5	62 482.7	63 107.5
合同资产	1 278.0	1 354.7	1 408.9	1 465.3	1 523.9	1 569.6	1 616.7	1 649.0	1 682.0	1 698.8
其他流动资产	14 130.5	15 031.3	15 632.6	16 257.9	16 908.2	17 415.4	17 937.9	18 296.6	18 662.6	18 849.2
经营性流动资产合计	109 707.3	116 289.7	120 941.3	125 779.0	130 810.1	134 734.5	138 776.5	141 552.0	144 383.1	145 826.9
流动负债										
应付账款	78 502.5	77 709.2	75 094.0	72 145.3	68 840.4	64 529.2	59 897.4	54 396.4	48 651.3	42 236.5
预收账款										
合同负债	14 404.1	15 268.3	15 879.1	16 514.2	17 174.8	17 690.1	18 220.8	18 585.2	18 956.9	19 146.4
应付职工薪酬	3 843.5	4 079.4	4 242.6	4 412.3	4 588.8	4 726.4	4 868.2	4 965.6	5 064.9	5 115.6
应交税费										
其他流动负债	64 722.4	68 605.7	71 349.9	74 203.9	77 172.1	79 487.3	81 871.9	83 509.3	85 179.5	86 031.3

续表

营运资本变动表（单位：百万元）截至12月31日	2024E	2025E	2026E	2027E	预测值 2028E	2029E	2030E	2031E	2032E	2033E
经营性流动负债合计	161 477.5	165 662.7	166 565.6	167 275.7	167 776.0	166 433.0	164 858.3	161 456.5	157 852.6	152 529.8
经营性营运资本	(51 770.2)	(49 372.9)	(45 624.3)	(41 496.7)	(36 965.9)	(31 698.5)	(26 081.8)	(19 904.4)	(13 469.5)	(6 702.9)
经营性营运资本变动	13 936.4	2 397.3	3 748.7	4 127.6	4 530.8	5 267.4	5 616.7	6 177.4	6 434.9	6 766.6
应收账款周转天数	70.4	70.4	70.4	70.4	70.4	70.4	70.4	70.4	70.4	70.4
预付账款周转天数	11.8	11.8	11.8	11.8	11.8	11.8	11.8	11.8	11.8	11.8
存货周转天数	109.7	109.7	109.7	109.7	109.7	109.7	109.7	109.7	109.7	109.7
合同资产周转天数	3.0	3.0	3.0	3.0	3.0	3.0	3.0	3.0	3.0	3.0
其他流动资产占营业收入比例	6.6%	6.6%	6.6%	6.6%	6.6%	6.6%	6.6%	6.6%	6.6%	6.6%
应付账款周转天数	181.4	169.4	157.4	145.4	133.4	121.4	109.4	97.4	85.4	73.4
合同负债周转天数	24.3	24.3	24.3	24.3	24.3	24.3	24.3	24.3	24.3	24.3
应付职工薪酬占营业成本比例	2.4%	2.4%	2.4%	2.4%	2.4%	2.4%	2.4%	2.4%	2.4%	2.4%
应交税费占所得税比例	56.2%	56.2%	56.2%	56.2%	56.2%	56.2%	56.2%	56.2%	56.2%	56.2%
其他流动负债占营业收入比例	29.9%	29.9%	29.9%	29.9%	29.9%	29.9%	29.9%	29.9%	29.9%	29.9%

注意：由于现在预测期所得税科目还是空白的，所以应交税费科目只是链接了公式，数值显示"0"，等到后面利润表的所得税预测完成后，该工作表的结果会发生变化。

第二节 自由现金流

一、自由现金流的定义

自由现金流，又称无杠杆自由现金流（UFCF），是指可供包括股东和债权人在内的所有资本提供者进行自由分配的现金流。换言之，该指标用以衡量在支付股东和债权人之前的现金流。此外，鉴于估值是为了估算公司的核心经营性资产，因此 FCF 应该代表围绕核心经营业务产生的现金收益或损失。

使用自由现金流进行企业估值的公式为

DCF 企业价值 = 第 1 年 FCF 的现值 + 第 2 年 FCF 的现值 +⋯

+ 第 n 年 FCF 的现值 + 终值的现值

即要估算出预测期企业每年的自由现金流并将现金流折算成现值（PV），之后要估算出终值，即预测区间以外直至永久的企业价值。通过加总所有现金流的现值以及终值的现值，即可得到企业的整体价值，如图 6-1 所示。

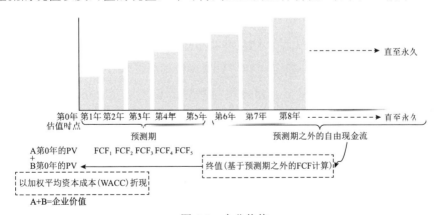

图 6-1 企业价值

为了获得自由现金流，我们希望剔除所有与资本结构有关的现金流。因此，剔除了股利支付、少数股东权益、股票发行、股份回购、债务发行以及债务偿付的金额。整个筹资活动产生的现金流被全部移除了。

此外，我们希望计算的是经常性的现金流情况，因此诸如处置固定资产、无形资产和其他长期资产产生的收益的非经常性科目同样被移除。在投资活动现金流项目下，我们只留下了资本性支出。

那么，根据以上推理，自由现金流简化等于经营活动产生的现金流减去资本本性支出，即FCF=CFO-CAPEX。在实际建模中，一些估值师也会使用这个简化公式计算FCF。在间接法下，CFO=净利润+折旧摊销+递延所得税-经营性营运资本增加（减少），由于FCF是要计算股东及债权人之前的现金流，需要在净利润中对利息费用进行调整，所以需要在FCF计算公式中增加一个科目，即税后净利息费用，得到：

$$FCF=净利润-税后净利息费用+折旧摊销+递延所得税-经营性营运资本增加（减少）-CAPEX$$

通常情况下，以EBIT作为起点，而非以上的净利润，相比于预测利润表中自顶端直至净利润的所有科目，仅预测收入到EBIT的部分要更容易一些，尤其是需要对很多科目进行加回处理的情况下，以EBIT作为起点的FCF计算公式为

$$FCF=EBIT-调整的所得税+折旧摊销+递延所得税-经营性营运资本增加（减少）-CAPEX$$

EBIT是息税前利润，调整的所得税是指不考虑资本结构的影响，在剔除了利息税盾的作用后的所得税，并不是利润表中的所得税，需要用EBIT×税率计算。EBIT扣除对应的所得税后，得到的利润指标称为息前税后利润（EBIAT）或扣除调整税后的净经营利润（Net Operating Profit Less Adjusted Taxes，NOPLAT）。

注意：了解FCF的推导过程非常重要。在市场环境不断变换、商业模型不断创新与演变的大背景下，常规教科书对于FCF的定义可能需要进行调整，以便在计算特定公司的价值时更加实用。了解将FCF作为估值指标的目的所在，将有助于建模者构建自有调整项，从而得到目标公司的真实价值。

在之前的章节讲解中，已经对利润表预测到了EBIT科目，并且已经构建了折旧摊销明细表，折旧摊销和CAPEX科目的预测，经营性营运资本科目预测，已经具备了所有计算自由现金流的条件。

二、自由现金流的计算

现在可以回到"DCF"工作表中来计算自由现金流，自由现金流的计算

公式为：FCF=EBIT-调整所得税+折旧摊销+递延所得税-经营性营运资本增加（减少）-CAPEX。其计算步骤如下。

（1）计算 EBIAT。首先从利润表中链接 EBIT 科目，接着计算调整所得税。调整所得税等于 EBIT 乘以税率，使用 EBIT 乘以"利润表"工作表中有效税率的假设得到调整所得税。

（2）从折旧摊销计划表链接折旧摊销合计值及资本性支出数值。资本性支出为固定资产购建（新增在建工程）、固定资产购建（新增固定资产）和无形资产购建三个科目的加总，在资本性支出公式前手动加上负号，代表现金流出，这样计算 FCF 时候可以直接使用 SUM 公式。

（3）从营运资本变动表中链接经营性营运资本变动的数值。在引用过来的"营运资本变动"科目前加上负号，也是为了计算 FCF 时可以直接使用 SUM 公式。

自由现金流的计算参见表 6-7。

表 6-7　自由现金流的计算

DCF 分析	预测值				
（单位：百万元）	2024E	2025E	2026E	2027E	2028E
自由现金流					
EBIT	25 441.4	26 784.6	27 718.3	28 700.1	29 730.9
所得税	3 884.2	4 089.2	4 231.8	4 381.7	4 539.1
EBIAT	21 557.2	22 695.3	23 486.5	24 318.4	25 191.8
折旧与摊销	4 815.3	5 015.3	5 215.3	5 415.3	5 615.3
资本性支出	(7 000.0)	(7 000.0)	(7 000.0)	(7 000.0)	(7 000.0)
营运资本变动	(13 936.4)	(2 397.3)	(3 748.7)	(4 127.6)	(4 530.8)
自由现金流（FCF）	5 436.1	18 313.4	17 953.1	18 606.1	19 276.3
DCF 分析	预测值				
（单位：百万元）	2029E	2030E	2031E	2032E	2033E
自由现金流					
EBIT	30 528.2	31 356.6	31 915.6	32 491.2	32 770.3
所得税	4 660.8	4 787.2	4 872.6	4 960.5	5 003.1
EBIAT	25 867.4	26 569.3	27 043.0	27 530.7	27 767.2
折旧与摊销	5 815.3	6 015.3	6 215.3	6 415.3	6 615.3
资本性支出	(7 000.0)	(7 000.0)	(7 000.0)	(7 000.0)	(7 000.0)
营运资本变动	(5 267.4)	(5 616.7)	(6 177.4)	(6 434.9)	(6 766.6)
自由现金流（FCF）	19 415.3	19 967.9	20 080.9	20 511.1	20 615.9

第七章

加权平均资本成本

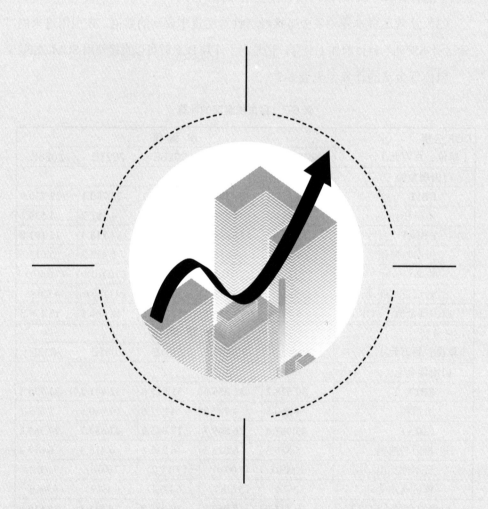

小案例

鉴于张鑫在工作上的优异表现,领导决定把张鑫从集团投资评审岗位调派到二级公司的投资部直接负责投资工作。这家二级公司主要从事海外投资工作,正在和我方投行顾问就目标公司的估值进行讨论。目前,内部投资团队和投行顾问存在较为明显的估值差异,双方从财务模型的关键假设进行核对。经过对比发现,双方对估值的差异主要体现在折现率上。我方投行顾问认为我们是一家实力雄厚的央企公司,加权资本成本不会高于6%。张鑫带领的内部投资团队认为目标企业规模较小,风险较高,融资成本高,折现率应该采用这家企业的资本成本,而不应该参考央企的资本成本。最终,内部投资团队以目标企业的资本成本为折现率,参考市场竞争状态,以大幅低于投行顾问的建议进行了报价,并最终达成了项目交易。

项目交易价格的最终形成具有极强的艺术性,很多时候取决于宏观环境、市场情况,特别是项目出售流程的竞争性。投行顾问的收费模式是收取成功费,交易做成才能赚取佣金,所以在估值建议方面存在利益冲突。投行顾问的建议按照央企的资本成本估值衡量的是收购成功以后的投资价值,并非项目自身的公允价值。内部投资团队根据市场竞争情况,以公允价值为基础,参考市场竞争性来进行报价,是最为合适的方式。所以,对于企业集团内部来说,一定要建立自己的内部专业投资团队,不能完全依赖外部投行顾问。外部投行顾问具有丰富的交易经验,可以参考他们的过往交易经验和交易数据,但是最终价格判断要依据内部投资团队的决策。

第一节 加权平均资本成本概述

前面章节已经计算出了自由现金流,下一步需要将现金流折现。加权平均资本成本（WACC）是被普遍认可的用作折现率的标准。它代表了某家给定公司所要求的投入资本（债务和股权）的加权平均回报率。由于债务和股权通常具有不同的风险特征和税务影响，因此 WACC 取决于目标公司的资本结构。

对于一家资本结构中既有债务又有股权的公司而言，分别以股本规模与债务规模占总资本规模的比例为权重，计算股东预期回报与债权人预期回报的加权平均值，得到加权平均资本成本计算公式如下：

$$WACC = r_d \times (1-t) \times \frac{D}{D+E} + r_e \times \frac{E}{D+E}$$

其中：r_d 为债务成本；r_e 为股权成本；t 为所得税率；D 为有息负债的市场价值；E 为股权的市场价值。

上述是对 WACC 的基本定义，考虑全面的 WACC 应该将公司通过以下方式发行的所有类型的债务和股权考虑其中，包括短期债务、长期债务、普通股以及优先资本，这些被合称为总资本。

第二节 加权平均资本成本的计算步骤

在计算 WACC 时，股权和债务是以市场价值为基础，而不是账面价值，因为账面价值记录的是投资资本的历史成本，并不能代表每种投资资本的现时价值。

有息负债的账面价值一般接近其市场价值，除非债务面临重大违约风险或者市场利率与债务发行时差距很大，如果无法获得债务的市场价值，可以用账面价值替代。

下面来看一下计算 WACC 的三个步骤。

一、确定目标资本结构

目标资本结构是指债务对资本总额和股权对资本总额的比例。在没有明确目标资本结构的情况下，估值师要研究公司当前和历史上的债务与资本总额的比率，以及其同行业公司的资本结构情况。

在实务工作中，确定一家公司的目标资本结构的做法可能因企业的不同而不同。如果是上市公司，一般用现有资本结构用作其目标资本结构，只要它稳定地处于可比公司的范围之内。假如处在该范围的边缘位置或者超出该范围，那么可比公司的平均值或中位值更能代表目标资本结构。如果是私有公司，一般可以采用可比公司的平均值或者中位值。一旦选择目标资本结构，可以假定它在整个预测期内保持不变。

图 7-1 所示为资本结构对一家公司的 WACC 的影响。当资本结构中没有债务的时候，WACC 等于股权成本。随着债务在资本结构中所占比例的上升，因为债务成本通常低于股权成本，同时考虑到利息费用的抵税作用，WACC 逐步降低。WACC 将继续降低，直到达到最优资本结构点。一旦超过最优资本结构点，负债比例继续上升，则潜在财务困境风险加大（因负债率过高，项目不能正常还本付息），债务成本相应提高，债务的抵税优势逐渐降低。结果，债务投资者和股权投资者都会要求因其增加的风险而获得更高的收益，从而驱动 WACC 上升而超越最优资本结构门槛。

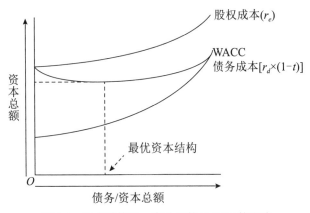

图 7-1 资本结构对一家公司的 WACC 的影响

二、预测债务成本

先看一下计算 WACC 时需要用到的债务成本的估算。一家公司的债务成本反映了它在目标资本结构中的信用特征，其基础为多重因素，包括规模、所在行业、前景展望、周期性、信用评价、信用数据、现金流产生能力、财务政策和收购策略等。

公司进行债务融资，主要通过发行债券和银行借款两种方式。当公司发行债券进行融资时，投资者要求的投资回报率由债券的到期收益率来反映，所以到期收益率就是债券的成本；当公司从银行取得借款时，其向银行支付的利息就是用它的借款额乘以银行借款利率，因此银行的贷款利率就是公司从银行借款的债务成本。

债务成本主要受当前市场利率水平和公司信用等级的影响。如果当前的市场利率水平较低、公司的信用等级较高，那么公司进行债务融资的当前成本就较低。

债务成本确定后，要按照公司的边际税率计算其税务影响，因为利息支付是可抵税项目。

三、预测股权成本

股权成本是一家公司的股权投资者预期获得的必要年收益率。为了估计股权成本，必须确定公司的预期收益率。对于上市公司而言，这个收益率无法直接获得，通常依靠资本资产定价模型（CAPM）得出。资本资产定价模型是基于公司的预期风险收益率构建的。当前最为常用的是资本资产定价模型，主要表示单个证券或投资组合的收益率与系统风险报酬率之间的关系，即单个证券或投资组合的收益率分为两个部分：无风险利率和系统风险的报酬率。系统性风险是指与整体市场相关的风险，也称不可分散风险。当投资者承担更高的风险时，需要获得更多的预期收益来补偿，资本资产定价模型计算公式为

$$股本成本（r_e）= r_f + \beta_L \times (r_m - r_f)$$

其中：r_f 为无风险利率；β_L 为杠杆贝塔系数；r_m 为市场收益率；$r_m - r_f$ 为市场风险溢价（MRP）。

（一）无风险利率

无风险利率是指将资金投资于某一项没有任何风险的投资对象所得到的利息率。通常，短期国库券、国库票据和长期国库券被市场认可为无风险。

一般选取 10 年期国债的收益率作为无风险收益率，或者更长期限国债的收益率，总体目标是在持续经营的假设前提下，选择尽可能期限长的工具来吻

合公司的预计寿命。

（二）市场收益率

市场收益率一般使用证券市场指数的历史回报率，市场收益率的选取受到历史时段选取的影响。

（三）市场风险溢价

市场风险溢价是指预计市场收益率超过无风险利率的差额。根据参考的时间段不同，市场风险溢价可能截然不同，金融专业人士及学术界在选择参考时间段上常常各持己见。市场风险溢价一般取值范围在 5% ~ 8% 之间，估值师取值可参考注册估值师协会每年颁布的《中国企业资本成本参数》所包含的市场风险溢价。

（四）贝塔系数（β）

贝塔系数是一家公司股票的收益率与整体市场收益率之间的协方差的计量，它代表的是系统性风险。如果一只股票的贝塔系数为 1.0，则它的预计收益应该与市场收益相同；贝塔系数小于 1.0 的股票，其系统性风险小于市场；贝塔系数大于 1.0 的股票，其系统性风险大于市场。在 CAPM 里，贝塔系数较高的股票表现出较高的股权成本；反之亦然。

1. β 调整

在研究中发现，β 并不是稳定恒定不变的，β 较大的股票会趋向于变小，β 较小的股票会趋向于变大，股票的 β 有着向总体的均值回归的趋势［即贝塔漂移（beta drift）］，即 β 向 1 回归。对于这一现象可以解释为，一旦一个行业的回报率非常高，就会有大量的资本涌入，出现大量竞争者，这就会拉低回报到市场的平均回报率；反之亦然。基于 β 的回归趋势，使用布鲁姆调整法对 β 进行调整：

$$\beta_{调整} = \frac{2}{3} \times \beta_{未调整} + \frac{1}{3} \times 1$$

2. 贝塔系数的去杠杆化和再杠杆化

贝塔系数不仅受到公司经营风险的影响，还受到财务杠杆的影响，因为较高的财务杠杆会使股权投资者的风险加大，而这一风险和公司的经营无关，受资本结构影响。将包含财务杠杆信息的 β 称为含杠杆的 β，将不包含财务杠

杆信息的 β 称为去杠杆的 β，可以通过以下公式计算得到：

$$\beta_U = \frac{\beta_L}{1 + \frac{D}{E} \times (1-t)}$$

$$\beta_L = \beta_U \times \left[1 + \frac{D}{E} \times (1-t)\right]$$

其中：β_U 为无杠杆贝塔；β_L 为杠杆贝塔；D/E 为债务对股权比率；t 为边际税率。

贝塔系数的计算需要大量的数据，一般从专业金融数据库中可以获取上市公司的含杠杆的 β。如果要估算私有公司的 β，则可以参考同行业上市公司的 β。由于含杠杆的 β 受到公司财务杠杆的影响，财务杠杆带来的风险在可比公司之间一般是不可比的，所以不能直接以可比公司含杠杆的 β 的平均值或中位数作为目标公司的参考值，而需要经过一个去杠杆和再杠杆的过程，一般步骤如下。

（1）从数据库中找到可比公司含杠杆的 β。

（2）通过去杠杆化公式，对可比公司含杠杆的 β 进行去杠杆。

（3）通过可比公司不含杠杆的 β 平均值或中位数，作为目标公司不含杠杆的 β 的参考值。

（4）将上述步骤中得到的不含杠杆的 β 代入目标公司的杠杆水平中进行再杠杆化，得到目标公司含杠杆的 β。

（五）规模溢价

规模溢价概念的基础是实证依据，表明规模较小的公司风险越大，因而股权成本应该更高，这在某种程度上与 CAPM 相矛盾。规模较小的公司的风险没有完全体现在它的贝塔系数中，因为其规模较小、交易量有限，所以协方差的计算不准确。

一些估值师可能选择为规模较小的公司在 CAPM 公式中加上规模溢价，以体现感知中的较高风险，进而体现较高的预计收益。经过规模溢价调整的 CAPM 公式如下：

$$r_e = r_f + \beta_L \times (r_m - r_f) + SP$$

其中：SP 为规模溢价。

第三节　格力电器 WACC 的计算

下面演示格力电器的 WACC 的计算过程。

第1步：确定目标资本结构。使用 Wind 终端的 WACC 计算器，查询 2023 年年报截止时的资本结构，股权对资本总额比例为 50.4%，债务对资本总额比例为 "1-50.4%=49.6%"，参见图 7-2。

图 7-2　Wind 界面 -WACC 计算器

第2步：预测债务成本。用利润表中的利息费用历史数值除以有息负债合计值，来简单预估历史的隐含利息率。其中，有息负债的合计值为短期借款、一年内到期的非流动负债和长期借款之和，参见表 7-1。新建立一个表格命名为"贷款偿还表"，从资产负债表链接"短期借款""一年内到期的非流动负债"和"长期借款"科目的历史数值，并加总得到有息负债合计。从历史利润表中可以查到历史年份利息收入，将数值输入模型，使用利息收入除以当年的有息负债合计，得到有息负债利率。根据计算，2019—2023 年有息负债利率为 10.0%、4.9%、4.6%、3.4% 和 3.4%，可作为预测期利率的参考。

表 7-1 历史利率计算

贷款偿还表 （单位：百万元）	实 际 值				
截至 12 月 31 日	2019A	2020A	2021A	2022A	2023A
短期借款					
期初余额					
本年新增					
本年偿还					
期末余额	15 944.2	20 304.4	27 617.9	52 895.9	26 443.5
利率 %					
利息费用					
一年内到期的非流动负债					
期初余额					
本年新增					
本年偿还					
期末余额			1 255.3	255.3	20 605.5
利率 %					
利息费用					
长期借款					
期初余额					
本年新增					
本年偿还					
期末余额	46.9	1 860.7	8 960.9	30 784.2	39 035.7
利率 %					
利息费用					
有息负债合计	15 991.1	22 165.1	37 834.1	83 935.4	86 084.7
利息费用	1 598.3	1 088.4	1 752.1	2 836.7	2 962.2
有息负债利率 %	10.0%	4.9%	4.6%	3.4%	3.4%

预估格力电器的债务成本为 4.75%。根据历史计算出的有效税率，确定有效税率为 15.3%，即历史 3 年有效税率的均值，得到税后债务成本为

4.75%×(1-15.3%)=4.02%。

第3步：预测股权成本。参照Wind的WACC计算器，使用当前10年期国债到期收益率2.57%为无风险利率。市场风险溢价参数参考注册估值师协会发布的2023版《中国企业资本成本参数》，取值7.37%，参见图7-3。从Wind的BETA计算器中获取格力电器的β，时间范围选取5年，得到调整的贝塔系数为0.840 9（图7-4），得到股权成本=2.57%+0.840 9×7.37%=8.77%。

中国企业资本成本估计参数表

无风险利率（Riskless Rate）①

10年期国债到期收益率	2.84%

权益风险溢价（Equity Risk Premium）②

隐含（Implied）权益风险溢价	7.37%

规模溢价（Size Premium）③

组别	规模最小公司市值（亿元）	规模最大公司市值（亿元）	规模溢价（高于CAPM模型预测的必要回报率，%）
中型企业（3-5）	50.8	147.39	1.32
小型企业（6-8）	24.33	50.75	4.92
微型企业（9-10）	4.47	24.26	10.06

十分位数组合

1（最高）	285.72	21694.54	0.82
2	148.09	285.35	1.15
3	95.32	147.39	0.93
4	67.52	95.09	1.77
5	50.8	67.49	1.19
6	39.66	50.75	2.83
7	31.33	39.63	4.72
8	24.33	31.29	7.13
9	16.54	24.26	8.31
10（最低）	4.47	16.51	11.69

对第10组进行的进一步分解

10a	11.78	16.51	8.74
10w	14.32	16.51	7.53
10x	11.78	14.26	9.91
10b	4.47	11.75	14.53
10y	8.54	11.75	9.01
10z	4.47	8.5	20.07

① 2022年12月31日，数据来源：CSMAR数据库。
② 第六章"权益风险溢价"统计模型测算结果的历史均值。
③ 第五章"规模溢价"的计算结果。

图7-3 中国企业资本成本参数2023版

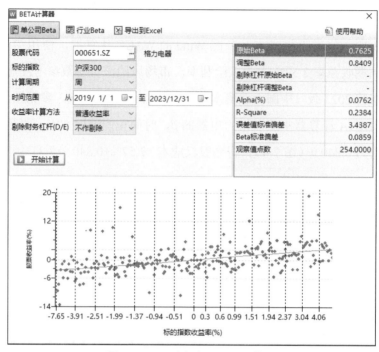

图 7-4　Wind 界面 -BETA 计算器

第 4 步：计算 WACC。已经确定了计算 WACC 所必需的所有组成部分。将这些输入项填入模型中，计算 WACC，WACC= 股权成本 × 股权 / 资本总额 + 债务成本 × 债务 / 资本总额，得到 6.42%。

图 7-5 显示了计算格力电器的 WACC 时的每一项假设和计算过程。

WACC 计算	
无风险利率	2.57%
市场风险溢价	7.37%
贝塔	0.8409
规模溢价	0.00%
股权成本	**8.77%**
债务成本	4.75%
税率	15.3%
债务成本	**4.02%**
股权 / 资本总额	50.4%
债务 / 资本总额	49.6%
WACC	**6.42%**

图 7-5　格力电器 WACC 的计算

第八章

终值

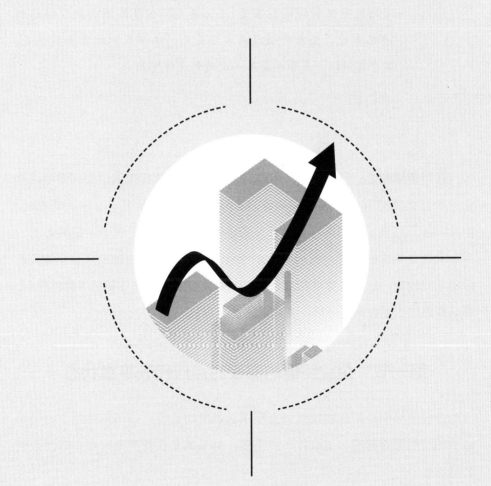

近年国内经济发展形势比较严峻,国际形势错综复杂。张鑫所在的二级公司主要业务在海外,也准备加强海外业务的收购,减少贸易壁垒。正好,投行顾问推荐了一个项目标的,项目所在国别符合集团的战略布局。经过研究目标公司的估值报告,张鑫遇到了一个难题。这家企业近几年受行业影响,持续亏损,且现金流也是负值。财务模型预测期为7年,其中预测未来3年经营状况将逐渐好转,第2年现金流转正,从第4年开始,现金流维持较高增长,在第7年期末,现金流达到一个较高水平,并以此为基准计算终值。这样的估值结果就是:预测期现金流折现的结果是-2亿美元,但是终值的折现值达到10亿美元,企业价值还是8亿美元。从模型的计算公式来看,不存在错误,张鑫也是第一次遇到这种情况。

在可持续经营、预测期5~10年的情况下,终值折现的结果通常要占到企业价值比率的70%~80%,终值的计算对企业的估值具有非常大的影响。因此,涉及终值计算的各项参数都需要谨慎分析。在本案例中,最核心的一项参数就是期末现金流。在历史几年经营较差的情况下,对未来的业绩表现作出乐观预期,且一直持续高增长状态。如果收购后未来几年仍然维持现状,那么终值也一定会大幅下降,企业价值甚至为负。

第一节 企业终值的假设时点应代表平稳状态

公司的终值是指预测期以外直至永远的公司价值。公司持续经营假设是估值的一般假设前提。更直接一点来说,终值就是在预测期末那个时间点的公司价值。

预测期5~10年,相比公司永续经营来说只占了一少部分时间。预测期的现金流折现与终值进行折现的数值相比,终值折现后的价值一般都占公司价值的一大部分,通常都在 70% 以上或是更多。鉴于公司终值的计算基础取决于预测期末最后一年的财务数据,公司预测期最后一年财务数据要代表一个稳定的财务状况,而不是一个周期性高点或者低点。不然,都会相应地导致估值过高或过低。只有最后一年的财务状况代表可持续稳定的财务数据,估值的结果才能体现一个正常的价值。所以,在判断预测期间长短的时候,预测期最后一年是否保持平稳的状态就是关键。

可以举一个简单的例子。两家公司预测的未来增长率如表 8-1 所示。

表 8-1　两家公司预测的未来增长率

年份	第1年	第2年	第3年	第4年	第5年	第6年	第7年	第8年	第9年	第10年
A公司增长率/%	35	30	25	20	15	10	5	5	3	3
B公司增长率/%	15	10	0	-10	-15	-10	0	10	15	10

按照表 8-1 的企业增长率假设,在第 5 年的时候,A 公司仍然保持较快的增长速度,在第 9 年才达到稳定状态。在这种情况下,预测期可以设置为 9 年或是 10 年。对 B 公司来说,增长率呈现周期性变化。对周期性企业来说,预测期结束的时点既不能是行业波峰、也不能是波谷,应该是代表正常年的年份,所以第 7 年可能是更好的选择时点。

第二节　计算终值的方法

通常计算公司终值的方法主要有两种:永续增长法(PGM)和退出乘数法(Exit Multiple Method,EMM)。根据具体的形式和被评估公司的特有情形,估值师可以选择其中一种或两种方法同时使用。

一、永续增长法

永续增长法计算终值的方法是将一家公司的最终年份的自由现金流视为按照一个假定增长率永续增长,因此估值师需要针对公司的长期可持续增长率作出假设。永续增长率一般根据公司的预计长期行业增长率来选择,通常在 2%～4% 的范围内（即名义 GDP 增长率）。既然是永续增长率，自然假设的增长率不能超过行业增长率或是经济增长率，否则长此以往，这家公司的规模就会超出行业甚至全球范围了。

永续增长率属于关键性驱动因素，因此需要在模型中进行敏感性分析。例如，如果所假定的永续增长率为 2%，常见的做法是按照增长率为 1.0%、1.5%、2%、2.5%、3% 来创建一个敏感性分析表，看在不同的永续增长率的情形下，估值的变化区间。

用永续增长法计算终值的公式为

$$终值 = \frac{FCF_n \times (1+g)}{(r-g)}$$

其中：n 为预测期的最终年份；g 为永续增长率；r 为 WACC。

二、退出乘数法

退出乘数法是将某一乘数应用于预测期末年的财务指标的方法。最为常用的是 EBITDA 乘数或是 PE 乘数。对私募股权公司来说，更常见的假设是在持有期末按照假设乘数实现退出。对于具体乘数的假设，一般可基于行业经验，或是假设在未来公司上市的情况下，基于可比公司的估值乘数。由于乘数有可能受到行业经济周期或是当前资本市场情绪的影响，所以需要综合考虑退出乘数的假设。对私募股权投资来说，常用的一种假设是退出乘数和进入时的投资乘数相同。

退出乘数跟永续增长率一样，也是现金流折现分析中的一个关键性驱动因素，因此在模型中需要对此进行敏感性分析。

用退出乘数法计算终值的公式为

$$终值 = EBITDA_n \times 退出乘数$$

在这里需要特别注意的是，如果用 EBITDA 乘数，计算出来的数值是企业价值。如果用市盈率 PE，计算出来的数值则是股权价值。企业价值和股权价值对应不同的现金流与折现率，应避免在估值的过程中张冠李戴而出错。

三、方法的选择和验证

上面介绍了两种终值的计算方法，在实际建模工作中，应该如何选择这两种方法呢？

首先，要注意两种方法使用的前提，使用永续增长法计算终值时，前提条件是公司已经进入稳定增长的成熟阶段，退出乘数法不受这一条件的约束。使用退出乘数法计算终值更为简便，但未来EBITDA乘数并不容易估计。

有些行业特别适合使用永续增长法计算终值，这些行业通常比较稳定，业务可延续，如农业、零售等。有些行业按照其特点并不适合采用永续增长法，这些行业的业务通常不能永远持续经营下去，其经营达到一定年限后会终止，如只有有限资源开采权的矿产、有收费年限的高速公路等。

其次，两种方法可以互相验证。无论是采用永续增长法，还是采用退出乘数法，都是对预测期以后价值的估计。在实际运用中，通常通过一种方法对另一方法进行验证。例如，采用永续增长法计算终值时，可以计算该水平的永续增长率假设下隐含的EV/EBITDA乘数是多少，或者在使用退出乘数法计算终值时，计算出在该乘数假设下对应的永续增长率是多少，以交叉验证假设是否合理。

最后，如果两种方法计算出来的终值差距比较大，我们需要进行分析。由于永续增长法的终值是基于预测现金流和永续增长率得出的，而退出乘数法得到的终值是根据行业经验或参考市场价格水平决定的，如果退出乘数法得到的终值远远高于永续增长法得到的终值，说明市场可能高估了企业的价值或者预测的现金流过低了；如果退出乘数法的估算结果远远低于永续增长法，说明预测的现金流过于激进或者市场低估了公司的价值，最好的情况是两种方法的估算结果是相近的，这意味着现金流预测与市场预期是一致的。

第三节　格力电器终值的计算

一、永续增长法

这里假定永续增长率为0.5%，之前我们计算出WACC取值6.42%，预测期最终年份的 FCF 为 206.2 亿元，根据永续增长法的公式得到终值为 3 502.7 亿元，参见图 8-1。

企业价值和股权价值计算－永续增长法	
预测期期末 FCF	20 615.9
永续增长率	0.5%
终值	**350 272.5**

图 8-1　永续增长法计算终值

$$终值 = \frac{预测期期末现金流 \times (1+g)}{WACC-g} = \frac{206.2 \times (1+0.5\%)}{(6.42\%-0.5\%)} = 3\ 502.7（亿元）$$

需要注意的是，这里主要是演示一下公式的计算过程。在图 8-1 所示的 Excel 模型中，计算出的数值不同，主要是由于小数点的保留位数不同导致的计算结果差异。读者按照下载的 Excel 文件对照学习即可。

二、退出乘数法

从 Wind 中得到格力电器的可比公司的 EV/EBITDA 乘数作为退出乘数法计算终值的基础。同行业公司的 EV/EBITDA 乘数中位数为 13.0（图 8-2），以 9.3 倍作为假设，用格力电器 2033 年预测期期末 EBITDA 乘以 9.3 倍，计算出退出乘数法下的终值。可以直接链接"DCF"表格上面自由现金流计算过程中使用到的 EBIT 和折旧摊销科目，加总得到 EBITDA。2033 年的 EBITDA=327.7+66.2=393.9 亿元，终值 =393.9×9.3=3 662.9 亿元。

图 8-2　Wind 界面 - 格力电器的可比公司的估值乘数

计算结果参见图 8-3。

企业价值和股权价值计算 - 退出乘数法	
预测期期末 EBITDA	39 385.6
退出乘数	9.3×
终值	**366 285.8**

图 8-3 退出乘数法计算终值

第九章

企业价值和股权价值

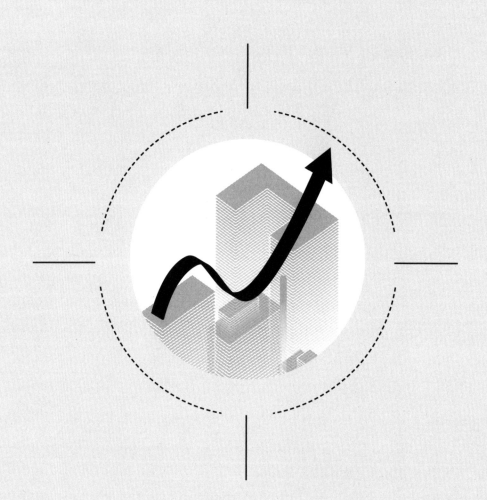

小案例

张鑫去参加校友聚会，正好遇到在私募股权投资公司工作的蔡菜。蔡菜比较郁闷，说项目收购工作又遇到了很倒霉的一件事情。在收购之前，蔡菜很认真地做了利润调整，并按照经营性的现金流做了预测，计算完成企业价值以后还按照所学的知识，减去了银行有息负债，计算股权价值。在项目交割完成以后，公司才发现目标公司还有一笔700万元的工程尾款没有支付。蔡菜去找原来的卖方要求支付这笔款项，卖方说其收购合同约定的是股权对价，也就意味着买方要承接原公司的全部债务。经过咨询律师得知，确实按照股权支付对价，买方应该承担目标公司的原有债务。这样一来，按照原来计算的收益率指标都不能满足私募股权公司的投资标准了，公司相当于直接多支付了对价700万元。

通过对上述案例的分析，我们已经初步领略了企业价值和股权价值在实际应用中的重要性。然而，要全面掌握这些概念并将其灵活运用于不同情境，还需要深入理解其背后的理论实质。接下来，我们从理论层面剖析企业价值与股权价值的核心内涵，从而更好地理解这些关键财务概念，并灵活地运用到工作实际中。

第一节　企业价值、股权价值与净资产

从新闻媒体上经常看到有关并购的消息，里面涉及不同的术语，先来看一条新闻。

2024年5月22日，大湾科技宣布将收购拥有广州南沙区大型数据中心（以下简称为"南沙数据中心"）的目标公司100%股权。目标公司由国新产业基金控股的一只私募股权基金所有。双方同意排他性条款。本次收购的**企**

业价值约为20亿元人民币。

一、企业价值

企业价值代表企业核心经营资产的价值，是以普通股当前市场价值为基础的股权（普通股和优先股）及净债务价值之和。股权市场价值、优先股账面价值和净债务之和，就是一家公司的企业价值。此外，非控股股东权益通常也需要加入企业价值中，即

企业价值＝股权价值＋非控股股东权益＋优先股＋有息负债

－现金及现金等价物

二、股权价值

股权价值是归属公司股东的价值，也就是我们通常所理解的收购公司股权所需要支付的对价。简单来说，股权价值对应的是资产负债表的所有者权益部分。我们所说的估值，最终的结果也是对股权价值进行评估。在有非控股股东权益、优先股的情况下，股权价值通常指的是普通股的价值，即不包括非控股股东权益和优先股的价值。

股权价值也是我们所说的股权支付对价，就是买卖双方进行股权交割的价值。对于估值的计算来说，有时直接计算的结果是企业价值，但依然要从企业价值再推算股权价值。为了防止歧义，在并购报价的时候，卖方往往要求买方既填写企业价值的数值，也填写净负债和股权价值的数值。这样卖方就可以非常清晰地知道买方所报出价格的具体含义。

需要特别强调的是，企业价值衡量的是核心经营资产的价值，这也是为什么在上面的公式中要最后减去现金及现金等价物。

三、净资产

净资产是资产负债表的所有者权益部分。虽然股权价值和净资产都代表资产负债表的所有者权益部分，但净资产代表的是账面价值，股权价值代表的是市场价值。

如果账面净资产为1 000万元，公司的股权价值可能是500万元，也可能是2 000万元。对于上市公司来说，公司的股权价值变动情况每天都可以通过

股票价格反映出来。

$$股权价值 = 股票价格 \times 普通股股票数量$$

可以看到，有很多公司的股票价格大幅高于每股净资产价格，也有很多公司的股票价格低于每股净资产价值。股票价格可以直接反映市场投资人对公司股权价值的判断。对投资人来说，投资的是企业的未来，因此市场价格所隐含的是投资人对未来价格的预期，同时还受多种因素影响。这也是估值的艺术性所在。从价值的角度来看，在可持续经营的状态下，不论是企业价值还是股权价值，都反映了投资人对资产未来产生现金流能力的判断。净资产是历史投资及当前资本结构下的账面价值。

股权价值和净资产的关系，也是我们通常所说的市净率指标。

$$市净率 = 股权价值 / 净资产$$

市净率大于 1，代表股票交易价值高于账面净资产价值。反过来，市净率小于 1，代表股票交易价值低于账面净资产。对于上市公司来说，肯定希望公司的股票价格大于账面每股净资产。当市场股票价格低于每股净资产时，要么是资本市场低估，要么是公司资产为无效资产，不能给投资人带来合理的投资回报。

第二节　自由现金流折现

在自由现金流折现模型中，需要将一家公司的预测期 FCF 和终值按照该公司的 WACC 折现到估值时点，得到现值，FCF 的现值与终值现值加总得到企业价值。对现金流进行折现时，有两种方法用来确定折现的期数，即年末折现与年中折现。年末折现假设每笔现金流均以一整年为单位进行折现。第 1 年的折现期限为一个完整年度，第 2 年的折现期限为两个完整年度，以此类推。年中折现第 1 年的折现期限为半年，第 2 年的折现期限为 1.5 年，以此类推。由于不知道现金流产生的确切时点，从技术层面来讲，如果遵循年末法则，即以一个完整年度为单位对现金流进行折现，那么将假设现金流是在年末一次性产生的，而年中折现是假设现金流是在一年过程中均匀得到的，因而更接近一种稳定的（更为现实的）FCF 产生情况。

一、折现因子

折现计算是用预测期每年的 FCF 和终值乘以相应的折现因子。折现因子是个分数值，代表按照假定的折现率在未来某个日期收到的现金的现值。

如果是年末折现，折现因子的计算公式为

$$折现因子 = \frac{1}{(1+\text{WACC})^n}$$

如果是年中折现，折现因子的计算公式为

$$折现因子 = \frac{1}{(1+\text{WACC})^{(n-0.5)}}$$

其中：n 为预测期内的年份。

假设一家公司的 WACC 为 10%，如果按照年末折现，第 1 年的折现因子为 0.91，即 $\frac{1}{(1+10\%)^1}=0.91$，如果预测期的第 1 年年底的 FCF 为 1 亿元，那么现值就为 9 100 万元，即 10 000×0.91=9 100 万元。如果按照年中折现，第 1 年的折现因子为 0.95，现值为 9 500 万元。可以看到，年中折现会产生略微高于年末折现的估值。

前面已确定格力电器的 WACC 为 6.42%，使用年末折现方法计算出预测期 10 年的折现因子，并分别乘以预测期每年的 FCF 得到现值，这样就能计算出预测期的现值合计，参见表 9-1。

首先在左上角手动输入估值日期：2024/1/1。模型历史财务数据是截止到 2023 年 12 月 31 日，所以这里将"2024/1/1"作为估值日期，这样计算也是最为简单的，等到构建完整个估值模型后，可以手动调整估值日，让估值结果随估值日期变动而变动。

在估值日这一行输入每期财务年度截止日期，即 2024/12/31、2025/12/31、2026/12/31……然后计算出折现天数，折现天数等于每一期财务年度截止日减去估值日期。算出折现天数后，就可以代入上面介绍的折现因子公式，来计算折现因子，在年末折现方法下，折现因子 = $\frac{1}{(1+\text{WACC})^{\left(\frac{折现天数}{365}\right)}}$，那么

表 9-1 预测期 FCF 现值计算

DCF 分析 （单位：百万元）		预测值								
		2024E	2025E	2026E	2027E	2028E	2029E	2030E	2031E	2032E	2033E
估值日	2024/1/1	2024/12/31	2025/12/31	2026/12/31	2027/12/31	2028/12/31	2029/12/31	2030/12/31	2031/12/31	2032/12/31	2033/12/31
自由现金流（FCF）		5 436.1	18 313.4	17 953.1	18 606.1	19 276.3	19 415.3	19 967.9	20 080.9	20 511.1	20 615.9
折现天数		365	730	1 095	1 460	1 826	2 191	2 556	2 921	3 287	3 652
折现因子		0.939 7	0.883 1	0.829 8	0.779 8	0.732 7	0.688 5	0.647 0	0.608 0	0.571 2	0.536 8
折现现金流		5 108.4	16 171.9	14 898.0	14 509.2	14 123.2	13 367.5	12 919.2	12 209.1	11 716.9	11 066.8
预测期 FCF 现值合计	126 090										

预测期第 1 期的折现因子实际等于 $\dfrac{1}{(1+\text{WACC})^1}$，预测期第 2 期的折现因子实际等于 $\dfrac{1}{(1+\text{WACC})^2}$，以此类推。

如果是年中折现方法，预测期第 1 年折现因子 $= \dfrac{1}{(1+\text{WACC})^{\left(\frac{\text{折现天数}}{365}\div 2\right)}}$，预测期第 2 年及其以后的年份折现因子 $= \dfrac{1}{(1+\text{WACC})^{\left(\frac{\text{折现天数}}{365}-0.5\right)}}$。

这里使用年末折现方法，现在计算折现现金流，对于预测期第 1 年的折现现金流，即 2024 年的折现现金流，处理起来会复杂些，2024 年折现现金流 = 2024 年自由现金流 ×（折现天数/365）×2024 年折现因子；预测期第 2 年及以后的折现现金流 = 当年自由现金流 × 折现因子。之所以对预测期第 1 年进行这种处理，是因为随着估值日期变动，用于折现的自由现金流就不是整年现金流，而是要乘以相应的比例。假设估值日期为 2024 年 3 月 31 日，即第一季度末，那么 2024 年折现现金流 = 2024 年自由现金流 ×0.75×2024 年的折现因子。

将预测期每一期的折现现金流加总，得到预测期 FCF 现值合计，参见表 9-1。

二、终值考虑因素

第八章介绍了如何使用永续增长法和退出乘数法计算终值，这里就不再重复。需要注意的是：如果预测期采用年中折现，终值是使用永续增长率计算的，终值也需要用年中折现；如果终值是使用退出乘数法计算的，则终值要使用年末折现。

三、企业价值计算

将预测期 FCF 和终值分别折现并相加，得到企业价值，以下公式描绘了采用年中折现和退出乘数法计算一家公司预测期为 5 年的企业价值的过程。

$$\text{企业价值} = \dfrac{\text{FCF}_1}{(1+\text{WACC})^{0.5}} + \dfrac{\text{FCF}_2}{(1+\text{WACC})^{1.5}} + \dfrac{\text{FCF}_3}{(1+\text{WACC})^{2.5}} + \dfrac{\text{FCF}_4}{(1+\text{WACC})^{3.5}}$$

$$+\frac{FCF_5}{(1+WACC)^{4.5}}+\frac{EBITDA_5 \times 退出乘数}{(1+WACC)^5}$$

回到格力电器的模型，在永续增长法下，用前面计算出来的终值乘 2032 年的折现因子 0.536 8，得到终值现值，然后加上 FCF 现值合计，得到企业价值。同时，在退出乘数法下重复相同的操作。计算结果参见图 9-1 和图 9-2。

企业价值和股权价值计算 – 永续增长法	
预测期期末 FCF	20 615.9
永续增长率	0.5%
终值	**350 272.5**
终值的现值	**188 029.4**
FCF 现值合计	126 090.3
企业价值	**314 119.7**

图 9-1　永续增长法计算的企业价值

企业价值和股权价值计算 – 退出乘数法	
预测期期末 EBITDA	39 385.6
退出乘数	9.3x
终值	**366 285.8**
终值的现值	**196 625.5**
FCF 现值合计	126 090.3
企业价值	**322 715.8**

图 9-2　退出乘数法计算的企业价值

四、股权价值与每股价格的计算

由企业价值推算股权价值，使用公式：

　　股权价值 = 企业价值 - 有息负债 - 优先股 - 少数股东权益
　　　　　　+ 现金及现金等价物

或者公式：

　　股权价值 = 企业价值 - 净负债 - 优先股 - 少数股东权益

如果是上市公司，使用股权价值处于该公司的流通股份数，可以计算出每股价格。在这里，净负债是有息负债减去现金及现金等价物后的结果。

需要注意的是，估值时点设为 2024 年 1 月 1 日，因此在由企业价值推导股权价值的过程中，所引用的有息负债、少数股东权益及现金等科目是 2023

年年末的数据。由于格力电器的历史资产负债表中没有优先股科目，所以在模型中没有列示出来。另外，有息负债的合计值为短期借款、一年内到期的非流动负债和长期借款之和，现金及现金等价物引用的是"货币资金"的科目。从 Wind 数据终端，查到格力电器在 2023 年年末流通在外股份数为 5 631 405 741，将股份数转换为百万股输入估值模型。股权价值及每股价格计算参见图 9-3。

企业价值和股权价值计算 – 永续增长法	
预测期期末 FCF	20 615.9
永续增长率	0.5%
终值	350 272.5
终值的现值	188 029.4
FCF 现值合计	126 090.3
企业价值	314 119.7
有息负债	86 084.7
少数股东权益	3 852.4
货币资金	124 105.0
股权价值	348 287.5
流通股份数量（百万股）	5 631.4
每股价格	61.8

(a)

企业价值和股权价值计算 – 退出乘数法	
预测期期末 EBITDA	39 385.6
退出乘数	9.3x
终值	366 285.8
终值的现值	196 625.5
FCF 现值合计	126 090.3
企业价值	322 715.8
有息负债	86 084.7
少数股东权益	3 852.4
货币资金	124 105.0
股权价值	356 883.6
流通股份数量（百万股）	5 631.4
每股价格	63.4

(b)

图 9-3　股权价值及每股价格计算
（a）永续增长法；（b）退出乘数法

五、股权自由现金流折现

以上所讲解的自由现金流折现方法,是指对企业自由现金流进行折现,计算出来的为企业价值。在工作中,也会遇到其他模型,如股权自由现金流折现(FCFE)模型,使用股权成本折现计算出来的为股权价值。

股权自由现金流是指可以自由分配给股权所有者的最大化的现金流,FCFE 一般的计算公式为:FCFE= 净利润+折旧摊销-营运资本的增加(减少)-资本性支出+新增有息负债-债务本金的偿还。如果有递延所得税,那么计算 FCFE 的时候也需要加回。

来理解一下 FCFE 的计算公式,由于 FCFE 是分配给股权所有者的现金流,所以应该是考虑了对债权人支付之后的现金流。净利润是扣除了利息和所得税后的利润,由于已经支付了债权人应分享的利息,所以净利润是属于股东的收益。加上新增的有息负债,减去债务本金的偿还是因为这些变化会制约股权出资人在经营过程中的可支配现金。

股权自由现金流折现模型的一般形式为

$$股权价值 = \sum_{t=1}^{n} \frac{FCFE_t}{(1+r)^t} + \frac{TV}{(1+r)^n}$$

其中:n 为详细预测期的期数;r 为股权成本;TV 为终值。在模型中需要计算出预测期 5 年的 FCFE,使用股权成本对每年的 FCFE 进行折现并加总,再加上预测期之外的终值的折现值,得到的就是股权价值。

股权自由现金流折现模型的终值计算同样可以采用永续增长法和退出乘数法进行计算。如果采用永续增长法,终值 $= \dfrac{FCFE_n \times (1+g)}{r-g}$,其中,$FCFE_n$ 为预测期末的 FCFE,g 为假设的永续增长率。如果采用退出乘数法,终值 $=NI_n \times PE$ 乘数,其中,NI 为净利润。

六、股利现金流折现

股利现金流折现与股权现金流折现计算出来的都是股权价值,但是方法略微不一样,股利折现模型的形式为:股权价值 $= \sum_{t=1}^{n} \dfrac{D_t}{(1+r)^t} + \dfrac{TV}{(1+r)^n}$,其中 Dividend 为股利分配。股利折现模型与股权现金流折现类似,只不过前者预测期是使用股利折现，后者是使用 FCFE 折现。

股利折现也可以使用公式：每股价格 = $\sum_{t=1}^{n} \frac{DPS_t}{(1+r)^t} + \frac{P_n}{(1+r)^n}$，这样计算出来的是每股价格，其中，DPS 为每股股利，n 为详细预测期数，r 为股权成本或股权要求回报率，P_n 为持有期末卖出股票时的预期价格。

理论上讲，同一公司，使用股权自由现金流模型和股利现金流折现模型，计算出来的股权价值应该是一样的，然而实际估算出来的结果并不一样。虽然这两种方法的折现率是相同的，都是股权成本，但通常股利折现值会小于股权现金流折现。因为公司为了保证运营的稳定性，或者是维持未来的投资需求，会将部分资金沉淀在企业，而不是全部作为股利发放出去，所以实际支付的股利要小于 FCFE。

第十章

敏感性分析和情景分析

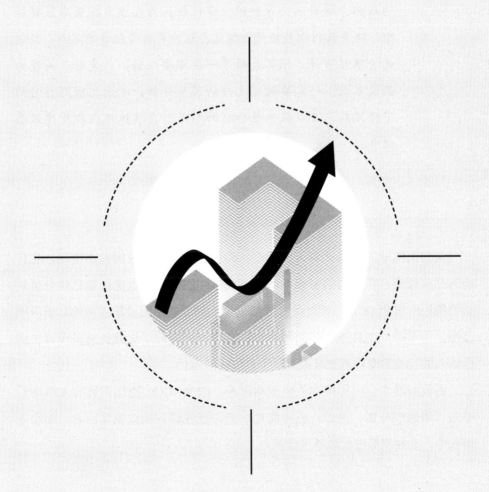

小案例

经过几年的工作历练，张鑫的工作越来越得心应手，也成为部门的估值专家。但是，这一次张鑫遇到了麻烦。张鑫去年投资了一个项目，到今年正好一年过去了。集团派审计组来进行项目后评价。经过两个月的审计，审计组通过对比收购后一年的实际财务表现与财务模型的预测，有一条审计意见为：项目未能估计到运维成本上升的风险，风险识别和估值存在一定不足。在与审计组的沟通过程中，张鑫表示，运维成本的预测是经过内部技术团队和运维团队共同分析，以现有的运维合同为基础做的。实际运维成本有所上升，是因为收购后部分材料涨价导致的。审计组认为在项目投资决策材料中，没有找到相关的风险描述，认为是项目组考虑不周。经过此次项目审计，张鑫总结了一条重要经验，就是对于关键的假设参数，一定要做好充分的风险分析，考虑到所有可能的下行风险，并以敏感性分析的形式，直接体现在投资建议书之中。

从前面部分的估值计算可以看出，即使一些假设参数的微小变动，也可能对估值结果产生重要的影响，所以对关键性的假设参数进行敏感性分析是必要的。应该把DCF分析结果看成基于一系列关键性假设输入项的估值区间范围，而不是一个具体结果的绝对数，敏感性分析的工作就是通过设置关键性输入假设项的变化范围来推算一个估值区间范围。

估值师通常会用关键的估值驱动因素，如WACC、退出乘数和永续增长率进行敏感性分析；另外，也可能对一些关键性财务绩效驱动因素，如收入增长率、毛利率等进行敏感性分析。

第一节 敏感性分析

在 Excel 中，使用模拟运算表功能来实现这个功能。敏感性分析分为两类：在单因素敏感性分析中，通过修改单一（行或列）假设变量查看不同的输出结果；在双因素敏感性分析中，可以修改两个（行和列）假设变量，且两个输入变量可以出现多个排列组合。

下面以永续增长法计算每股价格为例，来介绍如何在模型中对 WACC 和永续增长率进行双因素敏感性分析。

（1）选择分析对象，在敏感性分析表格左上角引用股价 61.8 元。

（2）确定关键因素的取值范围。在股价所在的行输入一个序列，代表永续增长率的取值范围。通常，将模型中所用的数值放在序列中间，在模型中用到的永续增长率为 0.5%，所以最中间输入数值 0.5%，然后设置左右两边数值以 0.5% 的幅度变动。在股价所在的列也输入一个序列，代表的是 WACC 的取值范围，将计算出来的 WACC 复制，粘贴到中间的单元格（仅复制数值），如果手动输入 6.42% 的数值，也是可以的，但是模拟运算表的结果可能会因为小数点差异与股价存在细微差别，所以推荐仅将数值复制过来。这里需要再强调一次，在复制的时候要仅仅复制数值，不能直接引用单元格。很多初学建模的读者很容易在这里出错，因为敏感性分析的原理是用每一个数值去替换所引用的单元格，然后完成一次计算。如果在敏感性分析表里面直接引用，那么原始的单元格发生数值变化，所引用的内容也会产生变化。这样计算的结果就会偏离我们的设置。对于幅度变化，可以设置上下两边的数值以 0.5% 的幅度变动，参见图 10-1。

（3）选中整个数据区域，进行模拟运算。单击 Excel 功能区的"数据"—"模拟分析"—"模拟运算表"，会弹出模拟运算表窗口，在"输入引用行的单元格"选择永续增长率所在的单元格，在"输入引用列的单元格"选择 WACC 所在的单元格，单击"确定"按钮，就会返回结果，参见图 10-2。可以看到 0.5% 的永续增长率及 6.4% 的 WACC 下的估值结果正好是模型中计算出来的结果，这样，也可以交叉验证敏感性分析是否正确操作。

双敏感性因素分析						
	61.8	永续增长率				
		-0.5%	0.0%	0.5%	1.0%	1.5%
WACC	5.4%					
	5.9%					
	6.4%					
	6.9%					
	7.4%					

图 10-1 双因素敏感性分析步骤

双敏感性因素分析						
	61.8	永续增长率				
		-0.5%	0.0%	0.5%	1.0%	1.5%
WACC	5.4%	66.0	69.5	73.8	79.1	85.7
	5.9%	61.0	63.9	67.3	71.4	76.4
	6.4%	56.7	59.1	61.8	65.1	69.0
	6.9%	53.0	55.0	57.3	59.9	63.0
	7.4%	49.8	51.5	53.3	55.5	58.0

图 10-2 双因素敏感性分析结果

根据以上的方法，也可以对 WACC 和退出乘数进行双因素敏感性分析，操作步骤和上面是一样的，这里就不再赘述。

在模拟运算表运算过程中，Excel 会不断修改其中一个变量，同时保持另一个变量不变（该修改在 Excel 内部进行），获得不同情景下的计算结果。在运算过程中并不会看到输入项被修改，计算结果都会显示在敏感性分析的区域，每个计算结果的显示位置正好是两个计算变量的位置交叉点，图 10-3 为我们演示了模拟运算表的整个运算过程。

以上演示了双因素敏感性分析的过程，单因素敏感性分析的原理是一样的，只是更简单些，在"模拟运算表"窗口，只需在"输入引用行的单元格"或者"输入引用列的单元格"中链接数据。在模型中对退出乘数进行了单因素敏感性分析，分析对象为股权价值和每股价格，参见图 10-4。

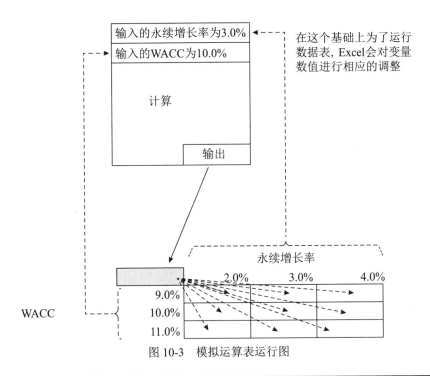

图 10-3 模拟运算表运行图

单敏感性因素分析						
		7.3x	8.3x	9.3x	10.3x	11.3x
股权价值	356 883.6	314 598.5	335 741.0	356 883.6	378 026.1	399 168.6
每股价格	63.4	55.9	59.6	63.4	67.1	70.9

图 10-4 单因素敏感性分析结果

在使用模拟运算表进行敏感性分析时，需要特别注意以下两点。

（1）行和列中的数值不可以直接引用运行模拟数据表时会用到的单元格，否则会产生循环引用。可以手动输入中间的数值，用公式计算其他数值，或者全部使用手动输入数值。

（2）模拟运算表必须和分析变量放在同一张工作表中，否则不能实现敏感性分析功能。例如在模型中，WACC和永续增长率都在"DCF"工作表中，那么敏感性分析只能放在"DCF"工作表中来做，而不能放在其他工作表中做。

第二节　情景分析

与敏感性分析不同，情景分析是假设几组数据情形，如乐观方案、基准方案及悲观方案，在不同情形下，所有的假设变量可能都处于不同的情况，在模型中需要反映不同情况下的预测结果，而敏感性分析只分析其中一个变量或两个变量变动对估值的影响。

进行情景分析的步骤如下。

（1）分析并确定未来可能出现的各种情景。模型中常用的分为三种情景：乐观情景、基准情景和悲观情景。乐观情景是对合理范围内可能产生的收入、利润和其他假设的较好结果的预期；悲观情景则相反；基准情景是对最可能发生的业绩和状况进行的假设。所以乐观情景下公司的估值最高，基准情景次之，悲观情景下估值最低。通过对各种情景进行分析和建模，可以了解未来各种可能发生的情况，以便更好地控制风险。

（2）确定情景发生变化时哪些关键性因素将发生变化。受情景影响的因素大致可以分为以下几类。

①宏观经济假设：GDP 增长率、利率、汇率等。

②行业和市场假设：市场需求、产品价格、行业产能增长速度、平均产能利用率等。

③公司经营假设：销售状况、固定资产投资计划、融资计划、重组计划等。

（3）确定当上述因素发生变化时，将如何影响公司的经营和财务业绩。

在使用 Excel 进行建模时，需要在计算公式中引用那些能够随情景变化而变化的假设数据。这样，分析结果也将随着情景的变化而变化。

现在在格力电器的模型中来设置情景分析，步骤如下。

（1）确定有几种不同情景并设立开关，用于控制选择不同情景。在"情景分析"工作表中设立了"基准情景""乐观情景"和"悲观情景"三种，并在"DCF"工作表 D5 单元格设置了控制开关，数字 1 表示基准情景，数字 2

为乐观情景，数字 3 为悲观情景。

（2）对一些关键假设，确定不同情景下的取值，并计算所选择情景下适用的假设值。

在格力电器模型中，作为演示，对几个关键假设变量进行情景分析：营业收入增长率、营业成本占营业收入的百分比、销售费用占营业收入的百分比以及固定资产购建（新增固定资产）。另外，一些关键假设，如股利支付比率、营运资本科目周转天数，都可作为情景分析的变量，只要掌握了构建方法，大家可以按照自己的建模需求对模型进行修改。

首先是营业收入增长率，手动输入不同情景下的假设，参见表 10-1。类似地，营业成本占营业收入百分比、销售费用占营业收入的百分比以及固定资产购建（新增固定资产）也列出了三种情景下的假设。

其中，营业成本占营业收入百分比基准情景使用的是历史 3 年的平均值、乐观情景使用的是历史 3 年的最小值、悲观情景使用的是历史 3 年的最大值，在利润表中分别复制这些数值，然后跳转到情景分析表，右击，选择"选择性粘贴、粘贴数值、值"，将数值粘贴到 2024 年预测期单元格下，2025 年及以后的数值都链接等于上一年。或者在 2024 年使用函数 Average、Min 和 Max 对历史 3 年数值进行取值，2025 年及以后年份数值都等于 2024 年，这种操作与只粘贴数值的方法都是可以采用的。

销售费用占营业收入的百分比基准情景使用的是历史最后一年的数值，乐观情景使用的是历史 3 年的最小值，悲观情景使用的是历史 3 年的最大值。固定资产购建（新增固定资产）三种情景的假设数据都是手动输入的。注意：对于固定资产购建来说，悲观情景下是资本性支出投入更多，乐观情景是资本性支出投入更少。

然后，在营业收入增长率这一行，使用 CHOOSE 函数来实现选择不同情景时返回不同的假设数值。例如，2024 年营业收入增长率 =CHOOSE（DCF!$D$5，I9，I10，I11），I9、I10 和 I11 为三种情景下营业收入增长率的假设，这里开关所在的单元格需要使用绝对引用，这样就可以把 CHOOSE 函数向右复制到预测期最后一年。

表 10-1 情景分析假设

情景分析 (单位：百万元) 截至12月31日		2024E	2025E	2026E	2027E	2028E	2029E	2030E	2031E	2032E	2033E
							预测值				
营业收入增长率（%）											
基准情景	1	6.0%	6.0%	4.0%	4.0%	4.0%	3.0%	3.0%	2.0%	2.0%	1.0%
乐观情景	2	6.0%	6.0%	4.0%	4.0%	4.0%	3.0%	3.0%	2.0%	2.0%	1.0%
悲观情景	3	6.0%	6.0%	6.0%	4.0%	4.0%	3.0%	3.0%	2.0%	2.0%	1.0%
营业成本占营业收入比例											
基准情景	1	73.0%	73.0%	73.0%	73.0%	73.0%	73.0%	73.0%	73.0%	73.0%	73.0%
乐观情景	2	69.4%	69.4%	69.4%	69.4%	69.4%	69.4%	69.4%	69.4%	69.4%	69.4%
悲观情景	3	75.7%	75.7%	75.7%	75.7%	75.7%	75.7%	75.7%	75.7%	75.7%	75.7%
销售费用占营业收入比例											
基准情景	1	8.4%	8.4%	8.4%	8.4%	8.4%	8.4%	8.4%	8.4%	8.4%	8.4%
乐观情景	2	8.4%	8.4%	8.4%	8.4%	8.4%	8.4%	8.4%	8.4%	8.4%	8.4%
悲观情景	3	8.4%	8.4%	8.4%	8.4%	8.4%	8.4%	8.4%	8.4%	8.4%	8.4%
固定资产购建（新增固定资产）											
基准情景	1	3 000.0	3 000.0	3 000.0	3 000.0	3 000.0	3 000.0	3 000.0	3 000.0	3 000.0	3 000.0
乐观情景	2	3 000.0	3 000.0	3 000.0	3 000.0	3 000.0	3 000.0	3 000.0	3 000.0	3 000.0	3 000.0
悲观情景	3	2 000.0	2 000.0	2 000.0	2 000.0	2 000.0	2 000.0	2 000.0	2 000.0	2 000.0	2 000.0
		4 000.0	4 000.0	4 000.0	4 000.0	4 000.0	4 000.0	4 000.0	4 000.0	4 000.0	4 000.0

对营业成本占营业收入比例、销售费用占营业收入比例和固定资产购建（新增固定资产）也进行同样操作，使用 CHOOSE 函数取值，这样当"DCF"工作表中的开关变化时，这四行的数据都会随着情景发生变化。

（3）在预测的计算公式中引用第（2）步计算的适用假设值，使假设的变动能够预测结果。现在变动开关能够使情形分析中的假设值变动，但是模型数据和估值结果还没有链接假设，所以变动开关并不会影响模型计算。将"情景分析"工作表中营业收入增长率、营业成本占营业收入比例、销售费用占营业收入比例这三行数据链接回利润表"历史比率及假设部分"，即第44行、46行和48行；将固定资产购建（新增固定资产）这行数据链接回折旧摊销计划表第14行。这样，整个情景分析就完成了。在后面的章节中，构建模型使用的都是基准情景，即情景1的假设数据。

在实务中，进行情景分析和假设确实是一个复杂的过程，它需要对公司的实际情况有深入的了解，包括但不限于公司的经营状况、市场环境、竞争地位、管理层的能力等。估值师通常会通过以下步骤来确定情景分析假设。

（1）公司历史分析。研究公司过去的财务报表和业绩，了解公司的盈利能力、成长性、稳定性等。

（2）行业研究。分析公司所在行业的发展趋势、市场规模、竞争格局等，以判断行业的整体增长潜力和风险。

（3）管理层访谈。与公司的管理层进行交流，了解他们对公司未来发展的看法和计划，管理层的战略规划和执行能力对公司未来的表现至关重要。

（4）市场调研。通过市场调研来了解消费者的需求、偏好以及竞争对手的情况，这有助于评估公司的市场定位和潜在市场份额。

（5）宏观经济分析。考虑宏观经济因素如 GDP 增长率、通货膨胀率、利率水平等对公司业绩的影响。

（6）风险评估。识别和评估可能影响公司业绩的各种风险因素，如政策风险、汇率风险、技术变革等。

在建模学习和练习中,如果无法进行深入的实地调研和管理层访谈,就采用简化的方法,使用历史比率作为参考和假设的基础,这种方法虽然简化,但可以帮助学习者理解估值模型的构建过程,并为深入分析打下基础。在实际应用中,随着对公司和行业的了解加深,可以逐步细化和调整这些假设。

第十一章

完整利润表

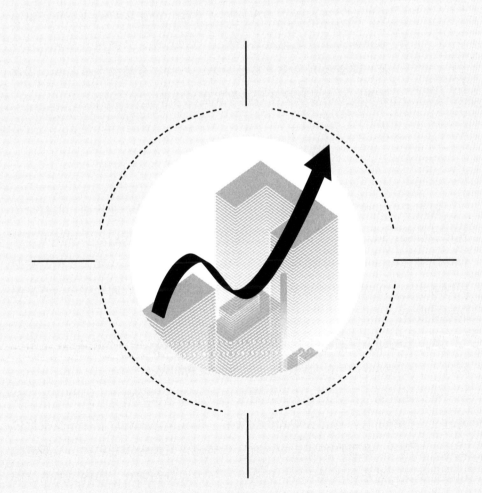

最近张鑫又遇到一件烦心事。张鑫认为筛选出一个非常好的优质项目，并且通过了第一轮的非约束性报价，进入第二轮。但是项目在报到集团审批的时候，被集团财务部门提出了否决意见，主要原因是项目公司层面的净利润持续4年为负值。张鑫去做了沟通解释工作，项目估值主要是以自由现金流折现，虽然净利润是负值，但是项目有充沛的现金流，利润为负的原因是项目公司采用了比较激进的固定资产折旧政策，原本可以按照20年折旧的固定资产，项目公司统一都是按照10年来进行折旧，虽然符合当地国别会计制度和税法的规定，因为折旧期限短，所以前几年净利润为负值，但是不影响现金流。财务部门认为国资委考核的指标是利润总额，只要项目公司出现亏损，就会被列为重点监督对象，影响公司绩效考核指标，因此集团公司不能接受净利润为负值的项目。

前述章节完成了模型的估值部分，已经计算完成了企业价值、股权价值及每股价格。但是财务报表的预测还是不完整的，如果我们还希望知道在这种情况下公司每年的盈利情况或是资产负债率等财务比率，就需要构建完整的财务报表。下面按照利润表、现金流量表和资产负债表的顺序来构建完整的财务报表。

首先来构建完整的利润表。现在可以回到利润表，继续预测EBIT之后的科目，主要是财务费用的预测，最终补充完成利润表。

在构建贷款偿还计划表之前，需要明确有息负债的概念。有息负债，顾名思义，指的是有付息义务的融资性负债，也就是由企业价值推导股权价值公式中的债务。在资产负债表中，有息负债通常表现为短期借款、长期借款和应付债券。当长期借款或应付债券在一年内即将到期时，即将到期的这部分长期借款或应付债券会被转入"一年内到期的非流动负债"中，所以"一年内到期的非流动负债"也被归为有息债务。

另外，关于"租赁负债"科目，需要具体分析，融资租赁负债是属于有息负债，但经营租赁负债不是。2019年施行的新会计准则，取消了承租人关于融资租赁与经营租赁的分类，要求承租人对所有租赁确认使用权资产和租赁负债，并分别确认折旧和利息费用。所以如果想对有息负债及财务费用做比较细致的预测，需要区分"租赁负债"中有哪些属于融资租赁负债，应该包含在有息负债中。这里，案例模型不对该科目进行区分，不将"租赁负债"加入有息负债里。

第一节　贷款偿还表的构建

先看一下模型中"债务偿还表"工作表的结构，开始的部分为现金流瀑布，计算"用于偿还债务的现金"，接下来是不同类型的债务，包括"短期借款""一年内到期的非流动负债""长期借款"和"循环贷款"。要预测这些类别的债务的利息费用。由于财务费用是利息费用与利息收入相抵后的净值，在工作表最底部，还要链接货币资金科目及计算相关的利息收入。

一、强制性发债及偿债和非强制性发债及偿债

在模型中，将债务的发行与偿还划分为两类，即强制性和非强制性。强制发债及偿债是指已经排期，按计划发行或偿还的债务。例如，每年进行的本金偿还可被视为强制性偿还，因为该项行为已在签署债务合同时进行了约定。非强制性发债及偿债是指债务合同约定范畴以外的行为。换言之，假如年末时刚好有现金盈余，那么如果出于自愿，在合同约定的金额之外追加偿还了一部分债务，以便节省利息费用，这种行为就是非强制性偿还。非强制性偿还通常在循环贷款中发生，债务人可在有现金盈余时追加偿还一部分债务。在建模过程中，由于强制性偿还通常是已经计划好的，因此往往基于债务合同条款将偿还金额输入模型中。通常情况下，非强制性偿还基于公式计算而得，而公式则是根据公司拥有的可用于偿还剩余债务的现金编制的。如果拥有可用的盈余现金，则可用此自动偿还债务。因此，在建模时，将强制

性发债及偿债独立于非强制性发债及偿债列示显得尤为重要。

在案例模型中，将资产负债表已有的负债科目，即"短期借款""一年内到期的非流动负债"和"长期借款"视为强制性的债务，将资产负债表新增的"循环贷款"视为非强制性的债务。

二、利息费用的预测

对利息费用的预测可以分为三步。

（1）预测债务金额。对于债务期末值的预测，根据 BASE 法则，期末债务余额＝期初债务余额＋本年新增－本年偿还。

（2）预测利率。对于已有的尚未到期的债务，其利率是已知的，可以通过年报或者公司内部渠道获取相应信息；对于预期发行的新债务的利率，可以根据债务期限，参照公司近期的债务融资利率和未来市场利率变化方向，给出假设。

（3）计算利息费用。在计算利息费用时，有三种方法。

①当年利息费用＝年初债务余额×利率。

②当年利息费用＝年末债务余额×利率。

③当年利息费用＝年初和年末债务余额的平均值×利率。

预测时，通常无法准确估计债务发生或者偿还的具体时间，一般采用第三种方法，即年初和年末债务余额的平均值乘以利率来计算利息费用。

三、利息收入的预测

利息收入产生于企业在银行的存款，通常使用货币资金来代替银行存款计算。预测利息收入，与预测利息费用的方法是一致的，也是要预测出货币资金余额，假设利息率。利息收入计算与利息费用一样，有三种方法。

（1）当年利息收入＝年初货币资金×利率。

（2）当年利息收入＝年末货币资金×利率。

（3）当年利息收入＝年初和年末货币资金的平均值×利率。

四、循环引用

如果使用年初和年末货币资金的平均值乘以利率来计算利息收入，就会产生循环引用。具体来说，就是利息收入与利润表相关联，如果利息收入增加了，净利润会增加，净利润将流入现金流量表顶端，增加现金余额，进而增加利息收入，这样产生一个公式引用这个公式本身的问题，也就是循环引用的问题。

当出现循环引用时，Excel 可能会弹出错误提醒，因为 Excel 会将模型中的循环引用默认为错误。这就需要调整 Excel 的设置，以表示允许在模型中出现循环引用。在菜单中选择"文件"—"选项"—"Excel 选项"—"公式"，将"启用迭代计算"前面的方框勾选上，参见图 11-1。设置完成后，模型中有循环引用就不会报错了。

图 11-1　设置启用迭代计算

为了避免模型由于利息收入的计算导致的循环引用问题，在案例模型中采用期初货币资金乘以利率的方法来计算利息收入。以 2024 年为例，预测期 2024 年期初货币资金来自历史资产负债表 2023 年末货币资金，乘以假设利率可以得到 2024 年预测的利息收入，以此类推。

五、现金流瀑布及循环贷款的设置

在构建财务模型时,可能会出现预测的期末现金出现负值的情况,在实际工作中,公司的账面现金是不可能为负值的,为了保证正常的经营,公司账面至少会有一部分最低现金缓冲,因此需要提取循环贷款来补足资金不足额的部分。未来年份账面现金为正的时候,可以偿还之前提取的循环贷款。

那么如何将以上逻辑写成公式,来设置每年的循环贷款的提取/(偿还)呢?汇总所有条件如下。

(1) 如果可用现金是负的(不管之前是否使用过循环贷款),当期需要募集现金,提取循环贷款。

(2) 如果可用现金是正的,且之前年份提取过循环贷款,那么:①如果可用现金大于循环贷款债务余额,那么可以还清所有循环贷款;②如果可用现金小于循环贷款债务余额,那么有多少现金就还多少循环贷款。

(3) 如果可用现金是正的,且之前年份没有提取过循环贷款,那么既不需要募集资金也不需要偿还债务。

重新表述以上逻辑语句。以上条件可改写如下。

(1) 如果可用现金<0,输出为"- 可用现金",如可用现金为-500万元,那么要提取 -(-500)万元的贷款,即500万元的循环贷款。

(2) 如果可用现金≥0,则需要比较可用现金与循环贷款期初余额,取它们之间的较小值偿还,即"-Min(循环贷款期初余额,可用现金)",如循环贷款期初余额为200万元(之前年份提取了200万元),可用现金为300万元,那么输出就是 -Min(200,300),为-200万元,表示要偿还200万元;同样,如果循环贷款期初余额为200万元,可用现金为100万元,那么输出是 -100万元,只能偿还100万元。

(3) 如果可用现金≥0,且循环贷款期初余额为0,那么既不提取也不偿还,输出为0。

我们发现使用公式"-Min(循环贷款期初余额,可用现金)"可以满足以上设定的三种情况。在情况(1)下,可用现金<0,那么"-Min(循环贷款

期初余额，可用现金）"等于"－可用现金"，在情况（3）下，可用现金≥0，且循环贷款期初余额为0，那么"－Min（循环贷款期初余额，可用现金）"等于0。

理解以上公式并知悉它的运算原理非常重要，这样在处理不同问题时，可以对公式进行调整。例如，如果公司可以提取的循环贷款是存在上限的，可以在公式外加一个Min函数，即"Min（-Min（循环贷款期初余额，可用现金），循环贷款额度）"，这样，如果要提取的循环贷款超过银行能够提供的额度，那么Min函数会将贷款规模限定在额度内。又或者，如果想将循环贷款的设置成更灵活的方式，加一个"开关"，选择提取或者不提取，用上面的Min函数简单地乘以"1"或"0"就能实现。当用任意公式乘以"1"时，不会影响公式本身的计算结果，即开启了公式。在模型中的任意一单元格输入"1"，然后使用Min函数乘以该单元格，这时公式是开启状态，如果将"1"改成"0"，公式处于关闭状态。

讲解完循环贷款设置逻辑，现在来看一下以上公式中可用现金的计算，即现金流瀑布是如何搭建的。

    年初现金余额
加： 偿还债务之前的现金流
减： 最低现金缓冲
等于： 用于偿还债务的现金流
加： 强制性发债（偿还）
等于： 可选还款现金流

"偿还债务之前的现金流"等于经营活动现金流、投资活动现金流和不包括债务偿还的融资活动现金流合计。这里的债务是指所有的负债，包括循环贷款、短期借款、一年内到期的非流动负债、长期借款。

企业经营活动所需的最低现金可以使用占营业收入百分比进行预测，如占2%，或者手动输入一个假设值。

强制性发债（偿还）是指短期借款、一年内到期的非流动负债和长期借款的新增（偿还）净值合计。

六、格力电器债务偿还表的搭建

先将资产负债表的债务余额导入债务偿还表,即将2023年的短期借款、一年内到期的非流动负债、长期借款科目数值链接到债务偿还表的相应位置。然后就可以从短期借款开始,构建各类债务余额的计算公式。

2024年短期借款的期初余额等于2023年短期借款的期末余额,假设预测期每年没有新增/(偿还)借款,在科目所在的行手动输入数值"0",2024年短期借款期末余额=2024年短期借款期初余额+本年新增-本年偿还。

假设短期借款和一年内到期的非流动负债的利率都为1.5%,长期借款的利率为4.75%,这是参考Wind里的WACC计算器中给出的利率取值,参见图7-2。

2024年短期借款利息费用=2024年短期借款期初余额和期末余额的平均值×利率,然后可以将2024年的公式向右复制到2033年,这样就完成了短期借款的预测。一年内到期的非流动负债和长期借款科目的预测逻辑与短期借款是一样的,完成后的模型如表11-1所示。

现在回到债务偿还表的上半部分,计算现金流瀑布,对循环贷款进行预测。2024年年初现金余额引用资产负债表2023年现金及现金等价物科目数值,"偿还债务之前的现金流"等于现金流表中除债务偿还之外的所有科目的加总,即"经营活动产生的现金流量净额+投资活动产生的现金流量净额+股本及资本公积变动+利息费用+股利分配",也就是剔除了筹资活动现金流里的"循环贷款提取(偿还)"和"强制性发债(偿还)"。

这里假设最低现金缓冲为100亿元,手动输入数值"10 000"(单位:百万元)。可以计算出"用于偿还债务的现金合计",它等于"年初现金余额"+"偿还债务之前的现金流"-"最低现金缓冲"。"强制性发债/(偿还)"为上面预测的三个债务类别每年新增和每年偿还的净值合计,最终得到"可选还款现金流",等于"用于偿还债务的现金合计"+"强制性发债(偿还)。

由于现金流量表和资产负债表还未完成搭建,所以现金流瀑布部分的计算结果不是最终结果,目前只是钩稽出公式,计算出2024年的预测数值,但是可以将所有公式向右复制到预测期末,等完成所有财务预测后,这部分的结果也会自动更新的。

第十一章 完整利润表

表 11-1 短期借款、一年内到期的非流动负债和长期借款的预测

贷款偿还表（单位：百万元）

截至 12 月 31 日	2019A	2020A	2021A	2022A	2023A	2024E	2025E	2026E	2027E	2028E	2029E	2030E	2031E	2032E	2033E
短期借款															
期初余额						26 443.5	26 443.5	26 443.5	26 443.5	26 443.5	26 443.5	26 443.5	26 443.5	26 443.5	26 443.5
本年新增															
本年偿还															
期末余额	15 944.2	20 304.4	27 617.9	52 895.9	26 443.5	26 443.5	26 443.5	26 443.5	26 443.5	26 443.5	26 443.5	26 443.5	26 443.5	26 443.5	26 443.5
利率 %						1.5%	1.5%	1.5%	1.5%	1.5%	1.5%	1.5%	1.5%	1.5%	1.5%
利息费用						396.7	396.7	396.7	396.7	396.7	396.7	396.7	396.7	396.7	396.7
一年内到期的非流动负债															
期初余额						20 605.5	20 605.5	20 605.5	20 605.5	20 605.5	20 605.5	20 605.5	20 605.5	20 605.5	20 605.5
本年新增															
本年偿还															
期末余额			1 255.3	255.3	20 605.5	20 605.5	20 605.5	20 605.5	20 605.5	20 605.5	20 605.5	20 605.5	20 605.5	20 605.5	20 605.5
利率 %						1.5%	1.5%	1.5%	1.5%	1.5%	1.5%	1.5%	1.5%	1.5%	1.5%

续表

贷款偿还表(单位：百万元)								预 测 值							
截至12月31日	2019A	2020A	2021A	2022A	2023A	2024E	2025E	2026E	2027E	2028E	2029E	2030E	2031E	2032E	2033E
利息费用						309.1	309.1	309.1	309.1	309.1	309.1	309.1	309.1	309.1	309.1
长期借款															
期初余额							39 035.7	39 035.7	39 035.7	39 035.7	39 035.7	39 035.7	39 035.7	39 035.7	39 035.7
本年新增						39 035.7									
本年偿还															
期末余额	46.9	1 860.7	8 960.9	30 784.2	39 035.7	39 035.7	39 035.7	39 035.7	39 035.7	39 035.7	39 035.7	39 035.7	39 035.7	39 035.7	39 035.7
利率%						4.75%	4.75%	4.75%	4.75%	4.75%	4.75%	4.75%	4.75%	4.75%	4.75%
利息费用						1 854.2	1 854.2	1 854.2	1 854.2	1 854.2	1 854.2	1 854.2	1 854.2	1 854.2	1 854.2

现在来到"循环贷款"的计算，2024 年循环贷款期初余额＝2023 年循环贷款期末余额，由于这是新增的科目，2024 年期初余额为 0。2024 年循环贷款提取（偿还）等于公式"－Min（可选还款现金流，循环贷款期初余额）"。2024 年循环贷款期末余额＝2024 年循环贷款期初余额＋本年提取（偿还），这里没有对循环贷款额度进行限制。假设利率为 1%，计算出 2024 年循环贷款利息费用＝2024 年循环贷款期初余额和期末余额的平均值 × 利率，将预测期第一年的公式向右复制到预测期末。2025 年及以后年份的数值目前只是钩稽了公式，随着资产负债表预测的完成，该部分数值会发生变化。循环贷款的计算参见表 11-2。

回到贷款偿还表的底部，计算出"利息费用合计"，等于以上四个债务类别的利息费用加总。

同时，在"利息费用合计"上插入一行，名为"债务新增／（偿还）合计"，该科目为短期借款、一年内到期的非流动负债及长期借款这三个科目本年借款新增减去本年借款偿还的合计值。

最后是利息收入的计算，将历史每年的利息收入（来自原始利润表）除以历史每年期初的货币资金，可以得到历史的利率参考数值，参见表 11-3。假设预测期利息收入的利率为 3%，使用期初货币资金乘以利率来计算每年的利息收入。与循环贷款一样，利息收入的数值要等到资产负债表预测完成才会生成最终结果。至此完成了贷款偿还表的构建。

第二节　完成利润表

现在回到利润表，继续 EBIT 之后的科目的预测。2024 年的"财务费用"等于贷款偿还表中的"利息费用合计"－"利息收入"。"财务费用"之后至"税前利润（EBT）"之前的科目不进行预测，因为这些科目都属于非经常性科目，可以手动输入数值"0"。2024 年"所得税"科目等于 2024 年的"税前利润（EBT）"乘以预测的税率，即 15.3%。2024 年合计值科目"税前利润（EBT）"和"净利润"都可以直接复制 2023 年的公式。然后将 2024 年所有预测值向右复制至预测期期末，参见表 11-4。

表 11-2 现金流瀑布及循环贷款的计算

贷款偿还表
（单位：百万元）

截至12月31日	2019A	2020A	2021A	2022A	2023A	2024E	2025E	2026E	2027E	2028E	2029E	2030E	2031E	2032E	2033E
										预测值					
用于偿还债务的现金															
年初现金余额						30 914.2									
偿还债务之前的现金流						10 000.0	10 000.0	10 000.0	10 000.0	10 000.0	10 000.0	10 000.0	10 000.0	10 000.0	10 000.0
最低现金缓冲						(10 000.0)	(10 000.0)	(10 000.0)	(10 000.0)	(10 000.0)	(10 000.0)	(10 000.0)	(10 000.0)	(10 000.0)	(10 000.0)
用于偿还债务的现金合计						20 914.2	(10 000.0)	(10 000.0)	(10 000.0)	(10 000.0)	(10 000.0)	(10 000.0)	(10 000.0)	(10 000.0)	(10 000.0)
强制性还款															
可选还款现金流						20 914.2	(10 000.0)	(10 000.0)	(10 000.0)	(10 000.0)	(10 000.0)	(10 000.0)	(10 000.0)	(10 000.0)	(10 000.0)
循环贷款															
期初余额								10 000.0	20 000.0	30 000.0	40 000.0	50 000.0	60 000.0	70 000.0	80 000.0
提取/(偿还)							10 000.0	10 000.0	10 000.0	10 000.0	10 000.0	10 000.0	10 000.0	10 000.0	10 000.0
期末余额							10 000.0	20 000.0	30 000.0	40 000.0	50 000.0	60 000.0	70 000.0	80 000.0	90 000.0
利率%	1.0%						1.0%	1.0%	1.0%	1.0%	1.0%	1.0%	1.0%	1.0%	1.0%
利息费用							50.0	150.0	250.0	350.0	450.0	550.0	650.0	750.0	850.0

第十一章 完整利润表

表 11-3 利息收入的计算

贷款偿还表（单位：百万元）

截至 12 月 31 日	2019A	2020A	2021A	2022A	2023A	2024E	2025E	2026E	2027E	2028E	2029E	2030E	2031E	2032E	2033E
						预测值									
债务新增/(偿还)合计															
利息费用合计						2 559.9	2 609.9	2 709.9	2 809.9	2 909.9	3 009.9	3 109.9	3 209.9	3 309.9	3 409.9
期初货币资金		125 400.7	136 413.1	116 939.3	157 484.3	124 105.0									
利率%		3.0%	3.1%	4.0%	3.9%	3.0%	3.0%	3.0%	3.0%	3.0%	2.0%	2.0%	2.0%	2.0%	2.0%
利息收入		3 698.4	3 708.3	4 242.5	4 646.8	6 190.0	3 723.1								

表 11-4 利润表预测至净利润

合并利润表（单位：百万元）

截至 12 月 31 日	2024E	2025E	2026E	2027E	2028E	2029E	2030E	2031E	2032E	2033E
	预测值									
收入										
营业收入	216 218.0	229 191.1	238 358.8	247 893.1	257 808.8	265 543.1	273 509.4	278 979.6	284 559.2	287 404.8
其他类金融业务收入	928.5	829.9	741.8	663.0	592.6	529.7	473.4	423.2	378.2	338.1
营业总收入	217 146.6	230 021.0	239 100.5	248 556.1	258 401.4	266 072.8	273 982.8	279 402.7	284 937.4	287 742.8
营业成本	157 921.7	167 397.0	174 092.8	181 056.5	188 298.8	193 947.8	199 766.2	203 761.5	207 836.8	209 915.1
毛利润	59 224.9	62 624.1	65 007.7	67 499.6	70 102.6	72 125.0	74 216.6	75 641.2	77 100.6	77 827.7
税金及附加	2 241.0	2 375.5	2 470.5	2 569.3	2 672.1	2 752.3	2 834.8	2 891.5	2 949.4	2 978.9

续表

合并利润表（单位：百万元）	预测值									
截至12月31日	2024E	2025E	2026E	2027E	2028E	2029E	2030E	2031E	2032E	2033E
销售费用	18 157.4	19 246.9	20 016.7	20 817.4	21 650.1	22 299.6	22 968.6	23 428.0	23 896.5	24 135.5
管理费用	6 934.7	7 350.8	7 644.8	7 950.6	8 268.6	8 516.7	8 772.2	8 947.6	9 126.6	9 217.8
研发费用	7 200.4	7 632.4	7 937.7	8 255.2	8 585.4	8 843.0	9 108.3	9 290.4	9 476.3	9 571.0
其他业务成本（金融类）	150.6	134.7	120.4	107.6	96.1	85.9	76.8	68.7	61.4	54.8
其他收益	900.7	900.7	900.7	900.7	900.7	900.7	900.7	900.7	900.7	900.7
息税前利润（EBIT）	25 441.4	26 784.6	27 718.3	28 700.1	29 730.9	30 528.2	31 356.6	31 915.6	32 491.2	32 770.3
财务费用	(1 163.2)									
投资净收益		2 609.9	2 709.9	2 809.9	2 909.9	3 009.9	3 109.9	3 209.9	3 309.9	3 409.9
公允价值变动净收益										
资产减值损失										
信用减值损失										
资产处置收益										
营业外收入										
营业外支出										
税前利润（EBT）	26 604.6	24 174.6	25 008.3	25 890.2	26 821.0	27 518.3	28 246.6	28 705.7	29 181.3	29 360.4
所得税	4 061.8	3 690.8	3 818.1	3 952.7	4 094.8	4 201.2	4 312.5	4 382.5	4 455.1	4 482.5
净利润	22 542.9	20 483.9	21 190.3	21 937.5	22 726.2	23 317.0	23 934.2	24 323.2	24 726.1	24 877.9

由于营运资本变动表中的"应交税费"科目是使用占所得税百分比进行预测的，之前该科目只是钩稽了公式，数值显示是"0"，现在所得税科目预测完后，营运资本变动表中的数值也会发生相应变化，最终更新后的营运资本变动表如表11-5所示。并且，"营运资本变动"科目数值更新会导致自由现金流和估值结果的变动，所以DCF表中的结果也会变化，如表11-6所示。股权价值及每股价格计算如图11-2所示。

注意：目前现金流量表和资产负债表还未完成，循环贷款产生的利息费用科目的数值还不是最终的结果，所以在完成资产负债表以后，贷款偿还表中的利息费用数值还会发生变化，利润表、营运资本变动表以及DCF估值表中的结果还会发生变化。

对于存在少数股东权益的公司，要扣除少数股东损益（也称归属于少数股东净利润），计算出归属于母公司股东的净利润。

如果预期子公司股权结构比较稳定，并且子公司净利润占整个集团净利润的比例比较稳定，那么少数股东损益占净利润的比例也会比较稳定。此时，可以假设少数股东占净利润的比例来进行预测。但是，也有可能少数股东的子公司所经营的业务与母公司主营业务无关，它们的利润变化趋势与主业利润的变化趋势没有必然联系，此时少数股东损益可以采用增长率或者其他预测方式。

在案例公司中，历史的少数股东损益科目数值变动比较大，并没有特定的规律，同时少数股东损益科目占比较小。这里不对预测期该科目进行假设，也就是手动输入数值"0"。合计科目"归属于母公司所有者的净利润"的历史期公式也可以向右复制到预测期末。最终计算结果参见表11-7。

在利润表底部，计算了历史期的EBITDA，现在可以从折旧摊销计划表中链接折旧摊销合计值，计算出预测期的EBITDA。至此，整个利润表就完成了。

表 11-5　更新后的营运资本变动表

营运资本变动表（单位：百万元）截至12月31日	2024E	2025E	2026E	2027E	2028E	2029E	2030E	2031E	2032E	2033E
					预测值					
营业收入	216 218.0	229 191.1	238 358.8	247 893.1	257 808.8	265 543.1	273 509.4	278 979.6	284 559.2	287 404.8
营业成本	157 921.7	167 397.0	174 092.8	181 056.5	188 298.8	193 947.8	199 766.2	203 761.5	207 836.8	209 915.1
所得税	4 061.8	3 690.8	3 818.1	3 952.7	4 094.8	4 201.2	4 312.5	4 382.5	4 455.1	4 482.5
流动资产										
应收账款	41 674.5	44 175.0	45 942.0	47 779.7	49 690.9	51 181.6	52 717.0	53 771.4	54 846.8	55 395.3
预付账款	5 097.7	5 403.6	5 619.7	5 844.5	6 078.3	6 260.6	6 448.5	6 577.4	6 709.0	6 776.1
存货	47 476.5	50 325.1	52 338.1	54 431.7	56 608.9	58 307.2	60 056.4	61 257.5	62 482.7	63 107.5
合同资产	1 278.0	1 354.7	1 408.9	1 465.3	1 523.9	1 569.6	1 616.7	1 649.0	1 682.0	1 698.8
其他流动资产	14 180.5	15 031.3	15 632.6	16 257.9	16 908.2	17 415.4	17 937.9	18 296.6	18 662.6	18 849.2
经营性流动资产合计	109 707.3	116 289.7	120 941.3	125 779.0	130 810.1	134 734.5	138 776.5	141 552.0	144 383.1	145 826.9

续表

营运资本变动表（单位：百万元）

截至12月31日	2024E	2025E	2026E	2027E	2028E	预测值 2029E	2030E	2031E	2032E	2033E
流动负债										
应付账款	78 502.5	77 709.2	75 094.0	72 145.2	68 840.4	64 529.2	59 897.4	54 396.4	48 651.3	42 236.5
预收账款										
合同负债	14 404.1	15 268.3	15 879.1	16 514.2	17 174.8	17 690.1	18 220.8	18 585.2	18 956.9	19 146.4
应付职工薪酬	3 848.5	4 079.4	4 242.6	4 412.3	4 588.8	4 726.4	4 868.2	4 965.6	5 064.9	5 115.6
应交税费	2 281.3	2 072.9	2 144.4	2 220.0	2 299.8	2 359.6	2 422.1	2 461.4	2 502.2	2 517.5
其他流动负债	64 722.4	68 605.7	71 349.9	74 203.9	77 172.1	79 487.3	81 871.9	83 509.3	85 179.5	86 031.3
经营性流动负债合计	163 758.7	167 735.6	168 710.0	169 495.7	170 075.9	168 792.6	167 280.3	163 917.9	160 354.8	155 047.3
经营性营运资本	(54 051.4)	(51 445.8)	(47 768.6)	(43 716.7)	(39 265.7)	(34 058.1)	(28 503.9)	(22 365.9)	(15 971.7)	(9 220.5)
经营性营运资本变动	11 655.2	2 605.6	3 677.2	4 052.0	4 451.0	5 207.6	5 554.2	6 138.0	6 394.1	6 751.3

表 11-6 更新后的 DCF 表

DCF 分析 （单位：百万元）	估值日	预测值									
		2024E 2024/12/31	2025E 2025/12/31	2026E 2026/12/31	2027E 2027/12/31	2028E 2028/12/31	2029E 2029/12/31	2030E 2030/12/31	2031E 2031/12/31	2032E 2032/12/31	2033E 2033/12/31
情景分析	2024/1/1 1										
自由现金流											
EBIT		25 441.4	26 784.6	27 718.3	28 700.1	29 730.9	30 528.2	31 356.6	31 915.6	32 491.2	32 770.3
所得税		3 884.2	4 089.2	4 231.8	4 381.7	4 539.1	4 660.8	4 787.2	4 872.6	4 960.5	5 003.1
EBIAT		21 557.2	22 695.3	23 486.5	24 318.4	25 191.8	25 867.4	26 569.3	27 043.0	27 530.7	27 767.2
折旧与摊销		4 815.3	5 015.3	5 215.3	5 415.3	5 615.3	5 815.3	6 015.3	6 215.3	6 415.3	6 615.3
递延所得税		(7 000.0)	(7 000.0)	(7 000.0)	(7 000.0)	(7 000.0)	(7 000.0)	(7 000.0)	(7 000.0)	(7 000.0)	(7 000.0)
资本性支出		(11 655.2)	(2 605.6)	(3 677.2)	(4 052.0)	(4 451.0)	(5 207.6)	(5 554.2)	(6 138.0)	(6 394.1)	(6 751.3)
营运资本变动		7 717.3	18 105.0	18 024.6	18 681.8	19 356.1	19 475.1	20 030.4	20 120.3	20 551.9	20 631.2
自由现金流（FCF）											
折现天数		365	730	1 095	1 460	1 826	2 191	2 556	2 921	3 287	3 652
折现因子		0.939 7	0.883 1	0.829 8	0.779 8	0.732 7	0.688 5	0.647 0	0.608 0	0.571 2	0.536 8
折现现金流		7 252.1	15 987.9	14 957.4	14 568.2	14 181.7	13 408.7	12 959.6	12 233.1	11 740.2	11 075.0
预测期 FCF 现值合计		128 364									

企业价值和股权价值计算 - 永续增长法	
预测期期末 FCF	20 631.2
永续增长率	0.5%
终值	**350 533.4**
终值的现值	**188 169.5**
FCF 现值合计	128 363.8
企业价值	**316 533.3**
有息负债	86 084.7
少数股东权益	3 852.4
货币资金	124 105.0
股权价值	**350 701.1**
流通股份数量(百万股)	5 631.4
每股价格	**62.3**

(a)

企业价值和股权价值计算 - 退出乘数法	
预测期期末 EBITDA	39 385.6
退出乘数	9.3x
终值	**366 285.8**
终值的现值	**196 625.5**
FCF 现值合计	128 363.8
企业价值	**324 989.3**
有息负债	86 084.7
少数股东权益	3 852.4
货币资金	124 105.0
股权价值	**359 157.1**
流通股份数量(百万股)	5 631.4
每股价格	**63.8**

(b)

图 11-2 股权价值及每股价格计算
(a) 永续增长法;(b) 退出乘数法

表 11-7 利润表的完整预测

合并利润表（单位：百万元）	预测值									
截至 12 月 31 日	2024E	2025E	2026E	2027E	2028E	2029E	2030E	2031E	2032E	2033E
收入										
营业收入	216 218.0	229 191.1	238 358.8	247 893.1	257 808.8	265 543.1	273 509.4	278 979.6	284 559.2	287 404.8
其他类金融业务收入	928.5	829.9	741.8	663.0	592.6	529.7	473.4	423.2	378.2	338.1
营业总收入	217 146.6	230 021.0	239 100.5	248 556.1	258 401.4	266 072.8	273 982.8	279 402.7	284 937.4	287 742.8
营业成本	157 921.7	167 397.0	174 092.8	181 056.5	188 298.8	193 947.8	199 766.2	203 761.5	207 836.8	209 915.1
毛利润	59 224.9	62 624.1	65 007.7	67 499.6	70 102.6	72 125.0	74 216.6	75 641.2	77 100.6	77 827.7
税金及附加	2 241.0	2 375.5	2 470.5	2 569.3	2 672.1	2 752.3	2 834.8	2 891.5	2 949.4	2 978.9
销售费用	18 157.4	19 246.9	20 016.7	20 817.4	21 650.1	22 299.6	22 968.6	23 428.0	23 896.5	24 135.5
管理费用	6 934.7	7 350.8	7 644.8	7 950.6	8 268.6	8 516.7	8 772.2	8 947.6	9 126.6	9 217.8
研发费用	7 200.4	7 632.4	7 937.7	8 255.2	8 585.4	8 843.0	9 108.3	9 290.4	9 476.3	9 571.0
其他业务成本（金融类）	150.6	134.7	120.4	107.6	96.1	85.9	76.8	68.7	61.4	54.8
其他业务收益	900.7	900.7	900.7	900.7	900.7	900.7	900.7	900.7	900.7	900.7
息税前利润（EBIT）	25 441.4	26 784.6	27 718.3	28 700.1	29 730.9	30 528.2	31 356.6	31 915.6	32 491.2	32 770.3
财务费用										
投资净收益										
公允价值变动净收益										

续表

合并利润表（单位：百万元）

截至12月31日	2024E	2025E	2026E	2027E	2028E	2029E	2030E	2031E	2032E	2033E
资产减值损失										
信用减值损失										
资产处置收益										
营业外收入及支出										
税前利润（EBT）	26 604.6	24 174.6	25 008.3	25 890.2	26 821.0	27 518.3	28 246.6	28 705.7	29 181.3	29 360.4
所得税	4 061.8	3 690.8	3 818.1	3 952.7	4 094.8	4 201.2	4 312.5	4 382.5	4 455.1	4 482.5
净利润	22 542.9	20 483.9	21 190.3	21 937.5	22 726.2	23 317.0	23 934.2	24 323.2	24 726.1	24 877.9
少数股东损益										
归属于母公司所有者的净利润	22 542.9	20 483.9	21 190.3	21 937.5	22 726.2	23 317.0	23 934.2	24 323.2	24 726.1	24 877.9
EBIT	25 441.4	26 784.6	27 718.3	28 700.1	29 730.9	30 528.2	31 356.6	31 915.6	32 491.2	32 770.3
折旧及摊销	4 815.3	5 015.3	5 215.3	5 415.3	5 615.3	5 815.3	6 015.3	6 215.3	6 415.3	6 615.3
EBITDA	30 256.7	31 799.8	32 933.5	34 115.4	35 346.2	36 343.5	37 371.8	38 130.9	38 906.5	39 385.6

第十二章

现金流量表

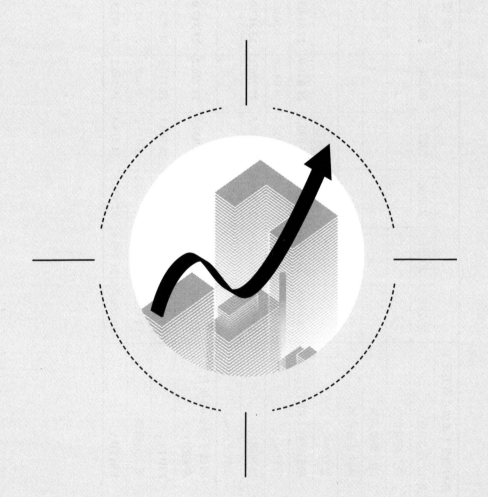

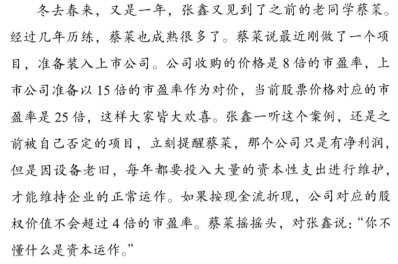

小案例

冬去春来，又是一年，张鑫又见到了之前的老同学蔡菜。经过几年历练，蔡菜也成熟很多了。蔡菜说最近刚做了一个项目，准备装入上市公司。公司收购的价格是8倍的市盈率，上市公司准备以15倍的市盈率作为对价，当前股票价格对应的市盈率是25倍，这样大家皆大欢喜。张鑫一听这个案例，还是之前被自己否定的项目，立刻提醒蔡菜，那个公司只是有净利润，但是因设备老旧，每年都要投入大量的资本性支出进行维护，才能维持企业的正常运作。如果按现金流折现，公司对应的股权价值不会超过4倍的市盈率。蔡菜摇摇头，对张鑫说："你不懂什么是资本运作。"

在完成利润表的构建之后，会进行现金流量表的构建，最后一步才是资产负债表。当然，是先构建资产负债表，还是先构建现金流量表，有以下两种方法。

（1）资产负债表驱动现金流量表，即现金流量表是由资产负债表科目的逐年变动额推导而得。

（2）现金流量表驱动资产负债表，即资产负债表是基于现金如何获得或使用来进行预测的。

上述两种方法均比较常用，但建议使用第二种方法，即由现金流量表推导资产负债表。我们也将使用第二种方法对案例进行建模，因为这种方法的逻辑性更强，且不容易出错。而由资产负债表反推现金流量表的第一种方法，将无法完整呈现现金流量表每个科目的情况。

以固定资产为例。固定资产净值因资本性支出（CAPEX）的增加而增加、因折旧而减少。因此，如果资产负债表中的固定资产增加了1 000万元，我们如何知道该项变动有多少是由折旧引起，而又有多少是由CAPEX引起的呢？一种可能是1 000万元源于CAPEX，还有一种可能是CAPEX为1 500

万元，折旧为 500 万元，这同样会造成固定资产净值增加 1 000 万元。此外，也可能是采购了 2 000 万元的资产，同时又处置了 1 000 万元的资产。总之，造成固定资产净值变动的原因有多种可能。但是，现金流量表清晰地列示了折旧和 CAPEX 的情况，因此可以通过观察现金流量表来找到原因。鉴于此，如果基于现金流流量表预测资产负债表的科目，可以对公司业务有更全面的认识。

建模初级估值师经常要解决的主要难题之一就是如何保证资产负债表是平衡的。记住：资产－负债＝股东权益的公式在资产负债平衡时是成立的。难点在于，估值师是否能够在对资产负债表的所有资产、负债以及股东权益科目作出预测的同时，依然保证上述公式成立。

当资产负债表不平衡时，通过查错并找出应该修改哪些科目，是一项艰巨的工作。然而，如果能借助一套清晰且系统的方法来预测资产负债表，那么这项工作应轻松不少。如果初级估值师能够更好地理解资产负债表背后的现金流变动逻辑，也许无须再为此通宵达旦了。

预测资产负债表的关键在于现金流量表。现金流影响着资产、负债以及股东权益。如果一家公司花费了现金，它可能是购买了一项资产或者偿还了一笔贷款。相反，如果一家公司获得了现金，可能是出售了一项资产或者募集了一笔资金。关注现金流量表，有助于认清资产、负债以及股东权益是如何被其他因素影响的。如果支出现金了，那么一定意味着资产的增加（除了现金），或者负债抑或是股东权益的减少（如股利派发会减少股东权益）。如果收到现金，则一定意味着资产的减少（除了现金），或者负债抑或是股东权益的增加。因此，想要预测资产负债表的科目，需要研读资产负债表的每一个科目，并且问自己如下两个问题：①现金流量表中的哪个或哪些科目会对资产负债表科目产生影响？②这些现金流量表的科目如何影响资产负债表的科目？是令其增加还是减少？弄清楚这两个问题，理解现金流量表和资产负债表之间的钩稽关系，那么资产负债表配平将不是难题。

第一节　经营活动现金流

使用间接法计算经营活动现金流，公式如下：

经营活动现金流＝净利润＋折旧摊销＋财务费用－营运资本增加（减少）

注意：国内会计准则使用间接法计算经营活动现金流会加回财务费用，因为财务费用中的利息费用属于筹资活动现金流出，利息收入属于投资活动现金流入，而间接法计算经营活动现金流是从净利润科目开始，所以要用净利润加回财务费用，然后将利息费用和利息收入分别放在筹资活动现金流与投资活动现金流中。

第一个科目是"净利润"，从利润表链接该科目，注意是链接"净利润"，而不是"归属于母公司所有者的净利润"。第二个科目是"折旧摊销"，从折旧摊销计划表链接"折旧摊销合计"科目。接下来是财务费用，直接从利润表链接。最后从营运资本变动表中链接"营运资本变动"，在营运资本变动前加上负号，使用 SUM 公式加总所有科目，得到经营活动产生的现金流量净额，参见表 12-1。

第二节　投资活动现金流

投资活动产生的现金流包含两个科目：一个是取得投资收益收到的现金，即利息收入，从贷款偿还表链接；另一个是购建固定资产、无形资产和其他长期资产支付的现金（CAPEX），从折旧摊销计划表链接，CAPEX＝固定资产购建（新增在建工程）＋固定资产购建（新增固定资产）＋无形资产购建，在 CAPEX 前加上负号，表示是现金流出，然后加总这两个科目得到投资活动产生的现金流量净额，参见表 12-2。

表 12-1 经营活动现金流预测

合并现金流量表 （单位：百万元） 截至 12 月 31 日	预测值									
	2024E	2025E	2026E	2027E	2028E	2029E	2030E	2031E	2032E	2033E
经营活动产生的现金流量										
净利润	22 542.9	20 512.2	21 273.5	22 074.7	22 919.7	23 567.1	24 240.9	24 686.9	25 147.2	25 356.8
折旧与摊销	4 815.3	5 015.3	5 215.3	5 415.3	5 615.3	5 815.3	6 015.3	6 215.3	6 415.3	6 615.3
财务费用	(1 163.2)	2 576.5	2 611.8	2 648.0	2 681.6	2 714.8	2 747.9	2 780.6	2 813.0	2 844.7
营运资本变动	(11 655.2)	(2 602.7)	(3 671.6)	(4 046.5)	(4 445.3)	(5 201.9)	(5 548.5)	(6 132.2)	(6 388.3)	(6 745.4)
经营活动产生的现金流量净额	14 539.8	25 501.2	25 428.9	26 091.5	26 771.2	26 895.3	27 455.6	27 550.6	27 987.2	28 071.4

表 12-2 投资活动现金流预测

合并现金流量表 （单位：百万元） 截至 12 月 31 日	预测值									
	2024E	2025E	2026E	2027E	2028E	2029E	2030E	2031E	2032E	2033E
投资活动产生的现金流量										
取得投资收益收到的现金	3 723.1									
购建固定资产、无形资产和其他长期资产支付的现金（CAPEX）	(7 000.0)	(7 000.0)	(7 000.0)	(7 000.0)	(7 000.0)	(7 000.0)	(7 000.0)	(7 000.0)	(7 000.0)	(7 000.0)
CAPEX 占营业收入比例										
投资活动产生的现金流量净额	(3 276.9)	(7 000.0)	(7 000.0)	(7 000.0)	(7 000.0)	(7 000.0)	(7 000.0)	(7 000.0)	(7 000.0)	(7 000.0)

第三节　筹资活动现金流

筹资活动现金流包含股权融资、债务融资/债务偿还、利息费用以及股利分配。

（1）假设预测期没有发生股本及资本公积的变动，预测期数值都为"0"。

（2）债务融资/偿还分为两个科目：循环贷款提取（偿还）和债务新增（偿还），前者引用的是贷款偿还表里的循环贷款提取（偿还），后者引用的是短期借款、一年内到期的非流动负债和长期借款这三个有息负债科目的新增（偿还）的合计。在贷款偿还表中的最后有计算这个合计值，直接链接过来。同时也将利息费用合计科目引用过来，注意在利息费用前使用负号，代表现金的流出。

（3）关于股利分配，可以参考公司的利润分配政策，图12-1显示了格力电器2023年年报中披露的股利分配政策。

十、公司利润分配及资本公积金转增股本情况

报告期内利润分配政策，特别是现金分红政策的制定、执行或调整情况
☑适用　□不适用

2023年6月30日，公司2022年度股东大会审议通过了《2022年度利润分配预案》，以公司总股本5,631,405,741股扣除回购专户中的股份数量17,564,128股为基数，向全体股东每10股派发现金股利10元（含税），不送红股，不以公积金转增股本，共计派发现金股利5,613,841,613元，该方案于2023年8月9日实施完毕。

图12-1　格力电器2023年年报中披露的利润分配政策

由2022年1月格力电器发布的《未来三年股东回报规划（2022年—2024年）》可知，2022年至2024年，格力电器每年可以进行两次利润分配，即年度利润分配及中期利润分配。在现金流满足公司正常经营和长期发展的前提下，每年每股现金分红不低于2元，或累计现金分红总额不低于当年经审计归属于上市公司股东净利润的50%。

这里采用占归母净利润百分比的计算方法来预测股利分配，假设预测期股利分配比率都为45%，用利润表中的"归属于母公司所有者的净利润"乘以分配比率得到股利分配，在公式前面加上负号表示现金

流出。

当然，也可以采用每股股利的方式来预测股利分配，如每股股利为2元，这种情况下需要预测未来的股份数，使用股份数乘以每股股利也能得到股利分配数值。这里是采用分配比率的预测方法。

加总股本及资本公积变动、循环贷款提取（偿还）、债务新增（偿还）、利息费用和股利分配科目，就能得到筹资活动产生的现金流合计。参见表12-3。

最后是关于"汇率变动对现金及现金的等价物的影响"，该科目的数额不大，并且经常正负波动，鉴于该科目的波动性，使用假设未来数值为"0"的方法，没有对数值进行预测，因为这部分数值对估值变动几乎没有影响。

加总以上三种现金流量和汇率变动，得到"现金及现金等价物净增加"，以2024年为例，期初现金及现金等价物引用资产负债表2023年数值，然后加上2024年的现金及现金等价物净增加，得到期末现金及现金等价物余额；2025年期初现金等于2024年期末现金，以此类推，将2025年的公式向右复制到预测期最后一年。最终结果如表12-4所示。

现在现金流的预测已经完成，贷款偿还表中的"用于偿还债务的现金"和"循环贷款"科目数值也会随之更新，更新后的结果参见表12-5。同时，利息费用和利润表中的数据也会发生变化，参见表12-6。

同时，DCF估值表格中计算的预测自由现金流数值与每股价格也会发生变化，参见表12-7。股权价值及每股价格计算如图12-2所示。

表 12-3 筹资活动现金流预测

合并现金流量表（单位：百万元）

截至 12 月 31 日	2024E	2025E	2026E	2027E	2028E	2029E	2030E	2031E	2032E	2033E
筹资活动产生的现金流量										
股本及资本公积变动										
循环贷款提取（偿还）		3 305.7	3 756.0	3 490.1	3 224.2	3 424.7	3 200.7	3 339.2	3 142.1	3 183.9
债务新增（偿还）										
利息费用	(2 559.9)	(2 576.5)	(2 611.8)	(2 648.0)	(2 681.6)	(2 714.8)	(2 747.9)	(2 780.6)	(2 813.0)	(2 844.7)
股利分配	(10 144.3)	(9 230.5)	(9 573.1)	(9 933.6)	(10 313.9)	(10 605.2)	(10 908.4)	(11 109.1)	(11 316.2)	(11 410.6)
分配比率/%	45.0%	45.0%	45.0%	45.0%	45.0%	45.0%	45.0%	45.0%	45.0%	45.0%
筹资活动产生的现金流量净额	(12 704.2)	(8 501.2)	(8 428.9)	(9 091.5)	(9 771.2)	(9 895.3)	(10 455.6)	(10 550.6)	(10 987.2)	(11 071.4)

表 12-4 现金流量表预测

合并现金流量表（单位：百万元）截至 12 月 31 日	预测值									
	2024E	2025E	2026E	2027E	2028E	2029E	2030E	2031E	2032E	2033E
经营活动产生的现金流量										
净利润	22 542.9	20 512.2	21 273.5	22 074.7	22 919.7	23 567.1	24 240.9	24 686.9	25 147.2	25 356.8
折旧与摊销	4 815.3	5 015.3	5 215.3	5 415.3	5 615.3	5 815.3	6 015.3	6 215.3	6 415.3	6 615.3
财务费用	(1 163.2)	2 576.5	2 611.8	2 648.0	2 681.6	2 714.8	2 747.9	2 780.6	2 813.0	2 844.7
营运资本变动	(11 655.2)	(2 602.7)	(3 671.6)	(4 046.5)	(4 445.3)	(5 201.9)	(5 548.5)	(6 132.2)	(6 388.3)	(6 745.4)
经营活动产生的现金流量净额	14 539.8	25 501.2	25 428.9	26 091.5	26 771.2	26 895.3	27 455.6	27 550.6	27 987.2	28 071.4
投资活动产生的现金流量										
取得投资收益收到的现金	3 723.1									
购建固定资产、无形资产和其他长期资产支付的现金（CAPEX）	(7 000.0)	(7 000.0)	(7 000.0)	(7 000.0)	(7 000.0)	(7 000.0)	(7 000.0)	(7 000.0)	(7 000.0)	(7 000.0)

续表

合并现金流量表（单位：百万元）截至12月31日	预测值									
	2024E	2025E	2026E	2027E	2028E	2029E	2030E	2031E	2032E	2033E
投资活动产生的现金流量净额	(3 275.9)	(7 000.0)	(7 000.0)	(7 000.0)	(7 000.0)	(7 000.0)	(7 000.0)	(7 000.0)	(7 000.0)	(7 000.0)
筹资活动产生的现金流量										
股本及资本公积变动										
循环贷款提取/(偿还)		3 305.7	3 756.0	3 490.1	3 224.2	3 424.7	3 200.7	3 339.2	3 142.1	3 183.9
债务新增/(偿还)										
利息费用	(2 559.9)	(2 576.5)	(2 611.8)	(2 648.0)	(2 681.6)	(2 714.8)	(2 747.9)	(2 780.6)	(2 813.0)	(2 844.7)
股利分配	(10 144.3)	(9 230.5)	(9 573.1)	(9 933.6)	(10 313.9)	(10 605.2)	(10 908.4)	(11 109.1)	(11 316.2)	(11 410.6)
分配比率	45.0%	45.0%	45.0%	45.0%	45.0%	45.0%	45.0%	45.0%	45.0%	45.0%
筹资活动产生的现金流量净额	(12 704.2)	(8 501.2)	(8 428.9)	(9 091.5)	(9 771.2)	(9 895.3)	(10 455.6)	(10 550.6)	(10 987.2)	(11 071.4)

续表

合并现金流量表
（单位：百万元）

截至12月31日	2024E	预测值								
		2025E	2026E	2027E	2028E	2029E	2030E	2031E	2032E	2033E
汇率变动对现金及现金等价物的影响										
现金及现金等价物净增加额	(1 441.3)	10 000.0	10 000.0	10 000.0	10 000.0	10 000.0	10 000.0	10 000.0	10 000.0	10 000.0
期初现金及现金等价物余额	30 914.2	29 472.9	39 472.9	49 472.9	59 472.9	69 472.9	79 472.9	89 472.9	99 472.9	109 472.9
期末现金及现金等价物余额	29 472.9	39 472.9	49 472.9	59 472.9	69 472.9	79 472.9	89 472.9	99 472.9	109 472.9	119 472.9

表12-5 更新后的贷款偿还计划表

贷款偿还表
（单位：百万元）

截至12月31日	2024E	预测值								
		2025E	2026E	2027E	2028E	2029E	2030E	2031E	2032E	2033E
用于偿还债务的现金										
年初现金余额	30 914.2									

续表

贷款偿还表
(单位：百万元)

截至12月31日	2024E	2025E	2026E	2027E	2028E	2029E	预测值 2030E	2031E	2032E	2033E
偿还债务之前的现金流	(1 441.3)	6 694.3	6 244.0	6 509.9	6 775.8	6 575.3	6 799.3	6 660.8	6 857.9	6 816.1
最低现金缓冲	10 000.0	10 000.0	10 000.0	10 000.0	10 000.0	10 000.0	10 000.0	10 000.0	10 000.0	10 000.0
用于偿还债务的现金合计	19 472.9	(3 305.7)	(3 756.0)	(3 490.1)	(3 224.2)	(3 424.7)	(3 200.7)	(3 339.2)	(3 142.1)	(3 183.9)
强制性还款										
可选还款现金流	19 472.9	(3 305.7)	(3 756.0)	(3 490.1)	(3 224.2)	(3 424.7)	(3 200.7)	(3 339.2)	(3 142.1)	(3 183.9)
循环贷款										
期初余额			3 305.7	7 061.7	10 551.8	13 776.0	17 200.7	20 401.5	23 740.6	26 882.7
提取/(偿还)		3 305.7	3 756.0	3 490.1	3 224.2	3 424.7	3 200.7	3 339.2	3 142.1	3 183.9
期末余额		3 305.7	7 061.7	10 551.8	13 776.0	17 200.7	20 401.5	23 740.6	26 882.7	30 066.6
利率%	1.0%	1.0%	1.0%	1.0%	1.0%	1.0%	1.0%	1.0%	1.0%	1.0%
利息费用		16.5	51.8	88.1	121.6	154.9	188.0	220.7	253.1	284.7
利息费用合计	2 559.9	2 576.5	2 611.8	2 648.0	2 681.6	2 714.8	2 747.9	2 780.6	2 813.0	2 844.7

表 12-6 更新后的利润表

合并利润表（单位：百万元）	预测值									
截至 12 月 31 日	2024E	2025E	2026E	2027E	2028E	2029E	2030E	2031E	2032E	2033E
收入										
营业收入	216 218.0	229 191.1	238 358.8	247 893.1	257 808.8	265 543.1	273 509.4	278 979.6	284 559.2	287 404.8
其他类金融业务收入	928.5	829.9	741.8	663.0	592.6	529.7	473.4	423.2	378.2	338.1
营业总收入	217 146.6	230 021.0	239 100.5	248 556.1	258 401.4	266 072.8	273 982.8	279 402.7	284 937.4	287 742.8
营业成本	157 921.7	167 397.0	174 092.8	181 056.5	188 298.8	193 947.8	199 766.2	203 761.5	207 836.8	209 915.1
毛利润	59 224.9	62 624.1	65 007.7	67 499.6	70 102.6	72 125.0	74 216.6	75 641.2	77 100.6	77 827.7
税金及附加	2 241.0	2 375.5	2 470.5	2 569.3	2 672.1	2 752.3	2 834.8	2 891.5	2 949.4	2 978.9
销售费用	18 157.4	19 246.9	20 016.7	20 817.4	21 650.1	22 299.6	22 968.6	23 428.0	23 896.5	24 135.5
管理费用	6 934.7	7 350.8	7 644.8	7 950.6	8 268.6	8 516.7	8 772.2	8 947.6	9 126.6	9 217.8
研发费用	7 200.4	7 632.4	7 937.7	8 255.2	8 585.4	8 843.0	9 108.3	9 290.4	9 476.3	9 571.0
其他业务成本（金融类）	150.6	134.7	120.4	107.6	96.1	85.9	76.8	68.7	61.4	54.8

续表

合并利润表（单位：百万元）					预测值					
截至12月31日	2024E	2025E	2026E	2027E	2028E	2029E	2030E	2031E	2032E	2033E
其他收益	900.7	900.7	900.7	900.7	900.7	900.7	900.7	900.7	900.7	900.7
息税前利润（EBIT）	25 441.4	26 784.6	27 718.3	28 700.1	29 730.9	30 528.2	31 356.6	31 915.6	32 491.2	32 770.3
财务费用	(1163.2)	2 576.5	2 611.8	2 648.0	2 681.6	2 714.8	2 747.9	2 780.6	2 813.0	2 844.7
投资净收益										
公允价值变动净收益										
资产减值损失										
信用减值损失										
资产处置收益										
营业外收入										
营业外支出										
税前利润（EBT）	26 604.6	24 208.1	25 106.5	26 052.1	27 049.3	27 813.4	28 608.6	29 135.0	29 678.2	29 925.6
所得税	4 061.8	3 695.9	3 833.0	3 977.4	4 129.7	4 246.3	4 367.7	4 448.1	4 531.0	4 568.8
净利润	22 542.9	20 512.2	21 273.5	22 074.7	22 919.7	23 567.1	24 240.9	24 686.9	25 147.2	25 356.8

表 12-7 更新后的 DCF 表

DCF 分析 （单位：百万元）	估值日	2024E 2024/12/31	2025E 2025/12/31	2026E 2026/12/31	2027E 2027/12/31	2028E 2028/12/31	预测值 2029E 2029/12/31	2030E 2030/12/31	2031E 2031/12/31	2032E 2032/12/31	2033E 2033/12/31
估值日	2024/1/1										
情景分析		1									
自由现金流											
EBIT		25 441.4	26 784.6	27 718.5	28 700.1	29 730.9	30 528.2	31 356.6	31 915.6	32 491.2	32 770.3
所得税		3 884.2	4 089.2	4 231.8	4 381.7	4 539.1	4 660.8	4 787.2	4 872.6	4 960.5	5 003.1
EBIAT		21 557.2	22 695.3	23 486.5	24 318.4	25 191.8	25 867.4	26 569.3	27 043.0	27 530.7	27 767.2
折旧与摊销		4 815.3	5 015.3	5 215.3	5 415.3	5 615.3	5 815.3	6 015.3	6 215.3	6 415.3	6 615.3
资本性支出		(7 000.0)	(7 000.0)	(7 000.0)	(7 000.0)	(7 000.0)	(7 000.0)	(7 000.0)	(7 000.0)	(7 000.0)	(7 000.0)
营运资本变动		(11 655.2)	(2 602.7)	(3 671.6)	(4 046.5)	(4 445.3)	(5 201.9)	(5 548.5)	(6 132.2)	(6 388.3)	(6 745.4)
自由现金流（FCF）		7 717.3	18 107.9	18 030.1	18 687.2	19 361.8	19 480.8	20 036.1	20 126.1	20 557.7	20 637.1
折现天数		365	730	1 095	1 460	1 826	2 191	2 556	2 921	3 287	3 652
折现因子		0.939 7	0.883 1	0.829 8	0.779 8	0.732 7	0.688 5	0.647 0	0.608 0	0.571 2	0.536 8
折现现金流		7 252.1	15 990.4	14 962.0	14 572.4	14 185.9	13 412.6	12 963.3	12 236.6	11 743.5	11 078.2
预测期 FCF 现值合计		128 397									

企业价值和股权价值计算 – 永续增长法	
预测期期末 FCF	20 637.1
永续增长率	0.5%
终值	**350 633.0**
终值的现值	**188 222.9**
FCF 现值合计	128 397.0
企业价值	**316 619.9**
有息负债	86 084.7
少数股东权益	3 852.4
货币资金	124 105.0
股权价值	**350 787.7**
流通股份数量（百万股）	5 631.4
每股价格	**62.3**

(a)

企业价值和股权价值计算 – 退出乘数法	
预测期期末 EBITDA	39 385.6
退出乘数	9.3x
终值	**366 285.8**
终值的现值	**196 625.5**
FCF 现值合计	128 397.0
企业价值	**325 022.5**
有息负债	86 084.7
少数股东权益	3 852.4
货币资金	124 105.0
股权价值	**359 190.3**
流通股份数量（百万股）	5 631.4
每股价格	**63.8**

(b)

图 12-2 股权价值及每股价格计算
（a）永续增长法；（b）退出乘数法

第十三章

资产负债表

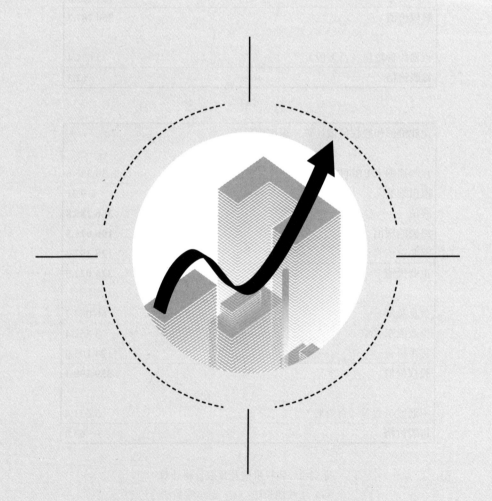

小案例

张鑫的部门参与了海外项目的一个投标，目前距离截标还有30天。因为项目复杂，财务模型参数涉及技术、市场、财税政策、融资结构、再融资等，各个专业组多条线同步开展工作。在距离截标日还有2天时，各个专业组才将确定的财务模型参数发给张鑫，留给张鑫的工作时间只剩下1天。根据工作流程，张鑫最晚需要在明天早晨8时之前，将计算好的投标价格及财务模型表格交给公司董事会进行最后决策。经过通宵达旦的工作，第二天早晨7时，张鑫终于完成了财务模型的全部条件更新及结果测算。张鑫正要高呼大功告成、打印财务模型报表的时候，一看资产负债表，突然吓出一身冷汗，平时都平衡的资产负债表不平了！这说明财务模型中肯定有一个环节出错了，而且对于几十亿元的投标项目来说，但凡有一点错误，可能导致的损失都会是上千万元。本来还有点困倦的张鑫，一下子就精神异常紧张，立刻投入到资产负债表的检查工作中。

在实际工作中，所有的参数都确定以后，财务模型才具备工作完成的条件。由于很多参数并非由估值师假设，而是由不同的专业人员提供，如矿产储量及产量、发电小时数、热耗、市场价格变动、维修成本、融资利率等，因此财务模型通常是最后一个工作环节，而且按照既定的工作时间计划，任何一个专业延误，最后留给估值师完成财务模型的时间就会非常紧张。所以，对于估值师来说，一定要重视财务模型的各项细节工作，避免在最后的时刻手忙脚乱而出错。

第一节　资产负债表配平

第四章对资产负债表进行了讲解，并且给出了案例模型调整后的资产负债表，参见表4-2。现在其他报表都完成了，就可以进行财务模型的最后一步——资产负债表预测和配平。

资产负债表中的科目很多，一般按照公司的经营、投资和融资活动，将资产负债表分为几个模块，然后按照各个模块来预测。先来看资产端，不考虑货币资金科目，资产可以划分为非核心资产和核心资产。核心资产按照流动性，又可以划分为核心流动资产和核心非流动资产，核心流动资产就是经营性流动资产的科目，包括应收账款、预付账款、存货和合同资产等；核心非流动资产是指固定资产和无形资产，所以资产可以表示为：资产 = 非核心资产 + 经营性流动资产 + 固定资产 + 无形资产。再来看资产负债表端，即负债和所有者权益，负债分为经营性负债和融资性负债。经营性负债按照流动性分为经营性流动负债和经营性非流动负债。经营性流动负债就是营运资本变动中的流动负债科目，包括应付账款、预收账款、合同负债等。经营性非流动负债为长期经营性负债。融资性负债就是具有付息义务的债务，指的是在债务偿还表中预测的短期借款、一年内到期的非流动负债和长期负债。

这样，不考虑货币资金科目，资产负债表中所有科目基本都可以归入以下几个模块：货币资金，非核心资产和负债，经营性营运资本（经营性流动资产 – 经营性流动负债），固定资产及无形资产，有息负债，长期经营性资产及负债，所有者权益。

对这几个模块分别进行预测。

（1）**货币资金**。以2024年为例：2024年货币资金 = 2024年受限货币资金 + 2024年现金及现金等价物。其中，2024年受限货币资金假设等于2023年受限货币资金，且预测期保持不变；2024年现金及现金等价物引用现金流量表的2024年的"期末现金及现金等价物余额"，2024年公式输入完成后，向右复制到预测期期末即可。

（2）**非核心资产和负债**。非核心资产是指与核心业务无关的资产和负债，采用最简单的方法预测，即假设其规模都保持以前的水平。预测期都引用 2023 年的历史数值即可，包括交易性金融资产、衍生金融资产、买入返售金融资产、一年内到期的非流动资产、债权投资、其他权益工具投资、其他非流动金融资产、长期股权投资、投资性房地产、使用权资产、商誉、长期待摊费用、其他非流动资产、衍生金融负债和其他金融类流动负债。

（3）**经营性营运资本**。在营运资本变动表中已经对经营性流动资产和经营性流动负债科目进行了详细预测，直接将预测数据链接到资产负债表。其中，经营性流动资产科目包括应收账款、预付账款、存货、合同资产和其他流动资产科目；经营性流动负债包括应付账款、预收账款、合同负债、应付职工薪酬、应交税费和其他流动负债。

（4）**固定资产及无形资产**。在折旧摊销计划表中对在建工程、固定资产和无形资产做了详细预测，将数据链接到资产负债表即可。

（5）**有息负债**。在贷款偿还表中对在循环贷款、短期借款、一年内到期的非流动负债和长期借款做了详细预测，将数据链接到资产负债表即可。

（6）**长期经营性资产及负债**。这部分的科目预测比较困难，一般需要详细的信息，所以一般也是采用简单预测，假设未来保持与历史最后一年同样的规模。模型中归类为长期经营性资产和负债的科目有长期应收款、递延所得税资产、租赁负债、长期应付款、长期应付职工薪酬、递延所得税负债和递延收益 - 非流动负债科目。

注意：我们之前讨论过要不要将租赁负债放入有息负债部分，根据公司的具体情况，有些估值师也会依据自己的判断将其作为有息负债。

另外，前面对递延所得税进行了讨论，递延所得税体现的是递延所得税资产的减少和递延所得税负债的增加。假设预测期新增递延所得税为 0，它体现的是预测期没有递延所得税资产的增加或者递延所得税负债的减少，所以递延所得税资产和递延所得税负债科目预测期都等于历史最后一年的数值。

（7）**所有者权益**。股本及资本公积、库存股、其他综合收益和专项储备及一般风险准备假设预测期与历史最后一年保持不变。由于没有对格力电器未来股权融资安排进行预测，在现金流量表中也没有考虑增发股票和回购股票，所以股本及资本公积，还有库存股这些科目都不会变化。

留存收益科目和少数股东权益科目与其他表存在钩稽关系。以2024年为例，2024年资产负债表的留存收益=2023年资产负债表的留存收益+2024年利润表的归母净利润+2024年现金流量表的股利分配，这里现金流量表的股利分配为负值，所以是加回，如果股利分配填写的是正值，就需要减去。2024年资产负债表的少数股东权益=2023年资产负债表的少数股东权益+2024年利润表的少数股东损益。

以上是所有资产负债表科目的预测，最后是平衡检验，用于判断资产负债表是否平衡，可以使用IF函数，公式为：=IF[ABS（资产合计－负债和所有者权益合计）<0.1,"OK","Check"]，如果平衡显示"OK"，不平衡则显示"Check"。在这个判断语句中，使用ABS函数将误差设置为0.1，只要小于这个误差，就认为资产负债表是平衡的。资产负债表预测结果如表13-1所示。

随着资产负债表预测完成，利息收入数值会发生变化，利润表和现金流量表数据都会更新，最终更新后的债务偿还表、利润表和现金流量表如表13-2、表13-3和表13-4。

至此，完成了格力电器的DCF估值模型。同时，由于更新了财务费用，所得税发生变动，也会引起营运资本科目的变动，所以DCF表中的自由现金流计算也会变化，最终的估值结果参见表13-5。股权价值及每股价格计算如图13-1所示。

表 13-1 资产负债表预测结果

合并资产负债表
（单位：百万元）
截至 12 月 31 日

	2024E	2025E	2026E	2027E	2028E	2029E	2030E	2031E	2032E	2033E
资产										
流动资产										
货币资金	122 663.7	131 397.5	139 528.3	148 054.0	156 981.2	164 983.0	173 424.2	181 821.6	190 509.4	199 251.5
受限货币资金	93 190.8	93 190.8	93 190.8	93 190.8	93 190.8	93 190.8	93 190.8	93 190.8	93 190.8	93 190.8
现金及现金等价物	29 472.9	38 206.7	46 337.5	54 863.2	63 790.4	71 792.3	80 233.4	88 630.9	97 318.6	106 060.7
交易性金融资产	9 614.4	9 614.4	9 614.4	9 614.4	9 614.4	9 614.4	9 614.4	9 614.4	9 614.4	9 614.4
衍生金融资产	108.9	108.9	108.9	108.9	108.9	108.9	108.9	108.9	108.9	108.9
应收账款	41 674.5	44 175.0	45 942.0	47 779.7	49 690.9	51 181.6	52 717.0	53 771.4	54 846.8	55 395.3
预付账款	5 097.7	5 403.6	5 619.7	5 844.5	6 078.3	6 260.6	6 448.5	6 577.4	6 709.0	6 776.1
买入返售金融资产	3 932.3	3 932.3	3 932.3	3 932.3	3 932.3	3 932.3	3 932.3	3 932.3	3 932.3	3 932.3
存货	47 476.5	50 325.1	52 338.1	54 431.7	56 608.9	58 307.2	60 056.4	61 257.5	62 482.7	63 107.5
合同资产	1 278.0	1 354.7	1 408.9	1 465.3	1 523.9	1 569.6	1 616.7	1 649.0	1 682.0	1 698.8
一年内到期的非流动资产	2 411.6	2 411.6	2 411.6	2 411.6	2 411.6	2 411.6	2 411.6	2 411.6	2 411.6	2 411.6
其他流动资产	14 180.5	15 031.3	15 632.6	16 257.9	16 908.2	17 415.4	17 937.9	18 296.6	18 662.6	18 849.2
流动资产合计	248 438.3	263 754.6	276 536.9	289 900.3	303 858.7	315 784.8	328 268.0	339 441.0	350 959.7	361 145.7
非流动资产										
债权投资	18 058.3	18 058.3	18 058.3	18 058.3	18 058.3	18 058.3	18 058.3	18 058.3	18 058.3	18 058.3
其他权益工具投资	3 864.9	3 864.9	3 864.9	3 864.9	3 864.9	3 864.9	3 864.9	3 864.9	3 864.9	3 864.9
其他非流动金融资产										

续表

合并资产负债表 （单位：百万元） 截至12月31日	2024E	2025E	2026E	2027E	2028E	2029E	2030E	2031E	2032E	2033E
						预 测 值				
长期应收款	62.2	62.2	62.2	62.2	62.2	62.2	62.2	62.2	62.2	62.2
长期股权投资	4 489.0	4 489.0	4 489.0	4 489.0	4 489.0	4 489.0	4 489.0	4 489.0	4 489.0	4 489.0
投资性房地产	633.3	633.3	633.3	633.3	633.3	633.3	633.3	633.3	633.3	633.3
固定资产	36 580.5	38 926.1	41 071.8	43 017.4	44 763.1	46 308.7	47 654.4	48 800.0	49 745.6	50 491.3
在建工程	6 563.9	6 563.9	6 563.9	6 563.9	6 563.9	6 563.9	6 563.9	6 563.9	6 563.9	6 563.9
使用权资产	842.3	842.3	842.3	842.3	842.3	842.3	842.3	842.3	842.3	842.3
无形资产	10 466.8	10 105.8	9 744.9	9 384.0	9 023.1	8 662.2	8 301.2	7 940.3	7 579.4	7 218.5
商誉	1 452.5	1 452.5	1 452.5	1 452.5	1 452.5	1 452.5	1 452.5	1 452.5	1 452.5	1 452.5
长期待摊费用	24.3	24.3	24.3	24.3	24.3	24.3	24.3	24.3	24.3	24.3
递延所得税资产	16 561.4	16 561.4	16 561.4	16 561.4	16 561.4	16 561.4	16 561.4	16 561.4	16 561.4	16 561.4
其他非流动资产	42 498.1	42 498.1	42 498.1	42 498.1	42 498.1	42 498.1	42 498.1	42 498.1	42 498.1	42 498.1
非流动资产合计	142 097.3	144 082.1	145 866.8	147 451.5	148 836.2	150 020.9	151 005.7	151 790.4	152 375.1	152 759.8
资产合计	390 535.6	407 836.6	422 403.7	437 351.8	452 694.9	465 805.8	479 273.7	491 231.4	503 334.8	513 905.5
负债										
流动负债										
短期借款	26 443.5	26 443.5	26 443.5	26 443.5	26 443.5	26 443.5	26 443.5	26 443.5	26 443.5	26 443.5
衍生金融负债	4.1	4.1	4.1	4.1	4.1	4.1	4.1	4.1	4.1	4.1

续表

合并资产负债表 (单位：百万元) 截至12月31日	预测值									
	2024E	2025E	2026E	2027E	2028E	2029E	2030E	2031E	2032E	2033E
应付账款	78 502.5	77 709.2	75 094.0	72 145.2	68 840.4	64 529.2	59 897.4	54 396.4	48 651.3	42 236.5
预收账款										
合同负债	14 404.1	15 268.3	15 879.1	16 514.2	17 174.8	17 690.1	18 220.8	18 585.2	18 956.9	19 146.4
应付职工薪酬	3 848.5	4 079.4	4 242.6	4 412.3	4 588.8	4 726.4	4 868.2	4 965.6	5 064.9	5 115.6
应交税费	2 281.3	2 392.7	2 495.2	2 600.4	2 710.7	2 667.4	2 752.1	2 814.6	2 878.3	2 917.1
一年内到期的非流动负债	20 605.5	20 605.5	20 605.5	20 605.5	20 605.5	20 605.5	20 605.5	20 605.5	20 605.5	20 605.5
其他流动负债	64 722.4	68 605.7	71 349.9	74 203.9	77 172.1	79 487.3	81 871.9	83 509.3	85 179.5	86 031.3
其他金融类流动负债	254.6	254.6	254.6	254.6	254.6	254.6	254.6	254.6	254.6	254.6
流动负债合计	211 066.4	215 363.1	216 368.5	217 183.7	217 794.4	216 408.1	214 918.1	211 578.7	208 038.6	202 754.6
非流动负债										
长期借款	39 035.7	39 035.7	39 035.7	39 035.7	39 035.7	39 035.7	39 035.7	39 035.7	39 035.7	39 035.7
租赁负债	767.0	767.0	767.0	767.0	767.0	767.0	767.0	767.0	767.0	767.0
长期应付款	27.0	27.0	27.0	27.0	27.0	27.0	27.0	27.0	27.0	27.0
长期应付职工薪酬	195.1	195.1	195.1	195.1	195.1	195.1	195.1	195.1	195.1	195.1
递延所得税负债	2 871.8	2 871.8	2 871.8	2 871.8	2 871.8	2 871.8	2 871.8	2 871.8	2 871.8	2 871.8
递延收益-非流动负债	3 527.9	3 527.9	3 527.9	3 527.9	3 527.9	3 527.9	3 527.9	3 527.9	3 527.9	3 527.9
非流动负债合计	46 424.5	46 424.5	46 424.5	46 424.5	46 424.5	46 424.5	46 424.5	46 424.5	46 424.5	46 424.5

续表

合并资产负债表（单位：百万元）截至12月31日	预测值									
	2024E	2025E	2026E	2027E	2028E	2029E	2030E	2031E	2032E	2033E
负债合计	257 490.9	261 787.6	262 793.0	263 608.2	264 218.9	262 832.5	261 342.6	258 003.2	254 463.1	249 179.1
所有者权益										
股本及资本公积	6 983.9	6 983.9	6 983.9	6 983.9	6 983.9	6 983.9	6 983.9	6 983.9	6 983.9	6 983.9
减：库存股	4 942.7	4 942.7	4 942.7	4 942.7	4 942.7	4 942.7	4 942.7	4 942.7	4 942.7	4 942.7
其他综合收益	275.5	275.5	275.5	275.5	275.5	275.5	275.5	275.5	275.5	275.5
专项储备及一般风险准备	534.2	534.2	534.2	534.2	534.2	534.2	534.2	534.2	534.2	534.2
留存收益	126 341.3	139 345.7	152 907.3	167 040.2	181 772.6	196 269.9	211 227.7	226 524.8	242 168.4	258 023.0
少数股东权益	3 852.4	3 852.4	3 852.4	3 852.4	3 852.4	3 852.4	3 852.4	3 852.4	3 852.4	3 852.4
所有者权益合计	133 044.7	146 049.1	159 610.7	173 743.6	188 476.0	202 973.3	217 931.1	233 228.2	248 871.8	264 726.4
负债和所有者权益合计	390 535.6	407 836.7	422 403.7	437 351.8	452 694.9	465 805.8	479 273.7	491 231.4	503 334.8	513 905.5
平衡检验	OK	OK	OK	OK	OK	OK	OK	OK	OK	OK

表 13-2 更新后的债务偿还表

贷款偿还表 （单位：百万元） 截至 12 月 31 日	预测值									
	2024E	2025E	2026E	2027E	2028E	2029E	2030E	2031E	2032E	2033E
用于偿还债务的现金										
年初现金余额	30 914.2	29 472.9	38 206.7	46 337.5	54 863.2	63 790.4	71 792.3	80 233.4	88 630.9	97 318.6
偿还债务之前的现金流	(1 441.3)	8 733.9	8 130.7	8 525.7	8 927.3	8 001.8	8 441.2	8 397.4	8 687.7	8 742.1
最低现金缓冲	10 000.0	10 000.0	10 000.0	10 000.0	10 000.0	10 000.0	10 000.0	10 000.0	10 000.0	10 000.0
用于偿还债务的现金合计	19 472.9	28 206.7	36 337.5	44 863.2	53 790.4	61 792.3	70 233.4	78 630.9	87 318.6	96 060.7
强制性还款										
可选还款现金流	19 472.9	28 206.7	36 337.5	44 863.2	53 790.4	61 792.3	70 233.4	78 630.9	87 318.6	96 060.7
循环贷款										
期初余额										
提取 /（偿还）										
期末余额										
利率 %	1.0%	1.0%	1.0%	1.0%	1.0%	1.0%	1.0%	1.0%	1.0%	1.0%
利息费用										
短期借款										
期初余额	26 443.5	26 443.5	26 443.5	26 443.5	26 443.5	26 443.5	26 443.5	26 443.5	26 443.5	26 443.5
本年新增										

续表

贷款偿还表 (单位：百万元) 截至12月31日	2024E	2025E	2026E	2027E	2028E	2029E	2030E	2031E	2032E	2033E
本年偿还										
期末余额	26 443.5	26 443.5	26 443.5	26 443.5	26 443.5	26 443.5	26 443.5	26 443.5	26 443.5	26 443.5
利率 %	1.5%	1.5%	1.5%	1.5%	1.5%	1.5%	1.5%	1.5%	1.5%	1.5%
利息费用	396.7	396.7	396.7	396.7	396.7	396.7	396.7	396.7	396.7	396.7
一年内到期的非流动负债										
期初余额	20 605.5	20 605.5	20 605.5	20 605.5	20 605.5	20 605.5	20 605.5	20 605.5	20 605.5	20 605.5
本年新增										
本年偿还										
期末余额	20 605.5	20 605.5	20 605.5	20 605.5	20 605.5	20 605.5	20 605.5	20 605.5	20 605.5	20 605.5
利率 %	1.5%	1.5%	1.5%	1.5%	1.5%	1.5%	1.5%	1.5%	1.5%	1.5%
利息费用	309.1	309.1	309.1	309.1	309.1	309.1	309.1	309.1	309.1	309.1
长期借款										
期初余额	39 035.7	39 035.7	39 035.7	39 035.7	39 035.7	39 035.7	39 035.7	39 035.7	39 035.7	39 035.7
本年新增										
本年偿还										
期末余额	39 035.7	39 035.7	39 035.7	39 035.7	39 035.7	39 035.7	39 035.7	39 035.7	39 035.7	39 035.7
利率 %	4.75%	4.75%	4.75%	4.75%	4.75%	4.75%	4.75%	4.75%	4.75%	4.75%
利息费用	1 854.2	1 854.2	1 854.2	1 854.2	1 854.2	1 854.2	1 854.2	1 854.2	1 854.2	1 854.2

续表

贷款偿还表（单位：百万元）

截至 12 月 31 日	2024E	预测值								
		2025E	2026E	2027E	2028E	2029E	2030E	2031E	2032E	2033E
债务新增/(偿还)合计										
利息费用合计	2 559.9	2 559.9	2 559.9	2 559.9	2 559.9	2 559.9	2 559.9	2 559.9	2 559.9	2 559.9
期初货币资金	124 105.0	122 663.7	131 397.5	139 528.3	148 054.0	156 981.2	164 983.0	173 424.2	181 821.6	190 509.4
利率 %	3.0%	3.0%	3.0%	3.0%	3.0%	2.0%	2.0%	2.0%	2.0%	2.0%
利息收入	3 723.1	3 679.9	3 941.9	4 185.8	4 441.6	3 139.6	3 299.7	3 468.5	3 636.4	3 810.2

表 13-3　更新后的利润表

合并利润表（单位：百万元）

截至 12 月 31 日	2024E	预测值								
		2025E	2026E	2027E	2028E	2029E	2030E	2031E	2032E	2033E
收入										
营业收入	216 218.0	229 191.1	238 358.8	247 893.1	257 808.8	265 543.1	273 509.4	278 979.6	284 559.2	287 404.8
其他类金融业务收入	928.5	829.9	741.8	663.0	592.6	529.7	473.4	423.2	378.2	338.1
营业总收入	217 146.6	230 021.0	239 100.5	248 556.1	258 401.4	266 072.8	273 982.8	279 402.7	284 937.4	287 742.8
营业成本	157 921.7	167 397.0	174 092.8	181 056.5	188 298.8	193 947.8	199 766.2	203 761.5	207 836.8	209 915.1
毛利润	59 224.9	62 624.1	65 007.7	67 499.6	70 102.6	72 125.0	74 216.6	75 641.2	77 100.6	77 827.7
税金及附加	2 241.0	2 375.5	2 470.5	2 569.3	2 672.1	2 752.3	2 834.8	2 891.5	2 949.4	2 978.9

续表

合并利润表（单位：百万元）	预测值									
截至12月31日	2024E	2025E	2026E	2027E	2028E	2029E	2030E	2031E	2032E	2033E
销售费用	18 157.4	19 246.9	20 016.7	20 817.4	21 650.1	22 299.6	22 968.6	23 428.0	23 896.5	24 135.5
管理费用	6 934.7	7 350.8	7 644.8	7 950.6	8 268.6	8 516.7	8 772.2	8 947.6	9 126.6	9 217.8
研发费用	7 200.4	7 632.4	7 937.7	8 255.2	8 585.4	8 843.0	9 108.3	9 290.4	9 476.3	9 571.0
其他业务成本（金融类）	150.6	134.7	120.4	107.6	96.1	85.9	76.8	68.7	61.4	54.8
其他收益	900.7	900.7	900.7	900.7	900.7	900.7	900.7	900.7	900.7	900.7
息税前利润（EBIT）	25 441.4	26 784.6	27 718.3	28 700.1	29 730.9	30 528.2	31 356.6	31 915.6	32 491.2	32 770.3
财务费用	(1 163.2)	(1 120.0)	(1 382.0)	(1 625.9)	(1 881.7)	(579.7)	(739.7)	(908.6)	(1 076.5)	(1 250.3)
投资净收益										
公允价值变动净收益										
资产减值损失										
信用减值损失										
资产处置收益										
营业外收入										
营业外支出										
税前利润（EBT）	26 604.6	27 904.5	29 100.3	30 326.0	31 612.6	31 107.9	32 096.3	32 824.2	33 567.7	34 020.5
所得税	4 061.8	4 260.2	4 442.8	4 629.9	4 826.3	4 749.3	4 900.2	5 011.3	5 124.8	5 194.0
净利润	22 542.9	23 644.3	24 657.5	25 696.1	26 786.2	26 358.6	27 196.1	27 812.9	28 442.9	28 826.6

表 13-4 更新后的现金流量表

合并现金流量表 （单位：百万元） 截至12月31日	2024E	2025E	2026E	2027E	2028E	2029E	2030E	2031E	2032E	2033E
经营活动产生的现金流量										
净利润	22 542.9	23 644.3	24 657.5	25 696.1	26 786.2	26 358.6	27 196.1	27 812.9	28 442.9	28 826.6
折旧与摊销	4 815.3	5 015.3	5 215.3	5 415.3	5 615.3	5 815.3	6 015.3	6 215.3	6 415.3	6 615.3
财务费用	(1 163.2)	(1 120.0)	(1 382.0)	(1 625.9)	(1 881.7)	(579.7)	(739.7)	(908.6)	(1 076.5)	(1 250.3)
营运资本变动	(11 655.2)	(2 285.8)	(3 646.2)	(4 022.5)	(4 420.5)	(5 310.7)	(5 531.9)	(6 115.0)	(6 371.1)	(6 727.8)
经营活动产生的现金流量净额	14 539.8	25 253.8	24 844.6	25 463.0	26 099.4	26 283.5	26 939.7	27 004.6	27 410.5	27 463.8
投资活动产生的现金流量										
取得投资收益收到的现金	3 723.1	3 679.9	3 941.9	4 185.8	4 441.6	3 139.6	3 299.7	3 468.5	3 636.4	3 810.2
购建固定资产、无形资产和其他长期资产支付的现金（CAPEX）	(7 000.0)	(7 000.0)	(7 000.0)	(7 000.0)	(7 000.0)	(7 000.0)	(7 000.0)	(7 000.0)	(7 000.0)	(7 000.0)
投资活动产生的现金流量净额	(3 276.9)	(3 320.1)	(3 058.1)	(2 814.2)	(2 558.4)	(3 860.4)	(3 700.3)	(3 531.5)	(3 363.6)	(3 189.8)

续表

合并现金流量表 （单位：百万元） 截至12月31日	2024E	预测值								
	2024E	2025E	2026E	2027E	2028E	2029E	2030E	2031E	2032E	2033E
筹资活动产生的现金流量										
股本及资本公积变动										
循环贷款提取/（偿还）										
债务新增/（偿还）										
利息费用	(2 559.9)	(2 559.9)	(2 559.9)	(2 559.9)	(2 559.9)	(2 559.9)	(2 559.9)	(2 559.9)	(2 559.9)	(2 559.9)
股利分配	(10 144.3)	(10 639.9)	(11 095.9)	(11 563.3)	(12 053.8)	(11 861.4)	(12 238.3)	(12 515.8)	(12 799.3)	(12 972.0)
分配比率%	45.0%	45.0%	45.0%	45.0%	45.0%	45.0%	45.0%	45.0%	45.0%	45.0%
筹资活动产生的现金流量净额	(12 704.2)	(13 199.9)	(13 655.8)	(14 123.2)	(14 613.7)	(14 421.3)	(14 798.2)	(15 075.7)	(15 359.2)	(15 531.9)
汇率变动对现金及现金等价物的影响										
现金及现金等价物净增加额	(1 441.3)	8 733.9	8 130.7	8 525.7	8 927.3	8 001.8	8 441.2	8 397.4	8 687.7	8 742.1
期初现金及现金等价物余额	30 914.2	29 472.9	38 206.7	46 337.5	54 863.2	63 790.4	71 792.3	80 233.4	88 630.9	97 318.6
期末现金及现金等价物余额	29 472.9	38 206.7	46 337.5	54 863.2	63 790.4	71 792.3	80 233.4	88 630.9	97 318.6	106 060.7

表 13-5 更新后的 DCF 表

DCF 分析（单位：百万元）	2024/1/1	预测值									
		2024E 2024/12/31	2025E 2025/12/31	2026E 2026/12/31	2027E 2027/12/31	2028E 2028/12/31	2029E 2029/12/31	2030E 2030/12/31	2031E 2031/12/31	2032E 2032/12/31	2033E 2033/12/31
估值日											
情景分析	1										
自由现金流											
EBIT		25 441.4	26 784.6	27 718.3	28 700.1	29 730.9	30 528.2	31 356.6	31 915.6	32 491.2	32 770.3
所得税		3 884.2	4 089.2	4 231.8	4 381.7	4 539.1	4 660.8	4 787.2	4 872.6	4 960.5	5 003.1
EBIAT		21 557.2	22 695.3	23 486.5	24 318.4	25 191.8	25 867.4	26 569.3	27 043.0	27 530.7	27 767.2
折旧与摊销		4 815.3	5 015.3	5 215.3	5 415.3	5 615.3	5 815.3	6 015.3	6 215.3	6 415.3	6 615.3
资本性支出		(7 000.0)	(7 000.0)	(7 000.0)	(7 000.0)	(7 000.0)	(7 000.0)	(7 000.0)	(7 000.0)	(7 000.0)	(7 000.0)
营运资本变动		(11 655.2)	(2 285.8)	(3 646.2)	(4 022.5)	(4 420.5)	(5 310.7)	(5 531.9)	(6 115.0)	(6 371.1)	(6 727.8)
自由现金流（FCF）		7 717.3	18 424.8	18 055.6	18 711.2	19 386.7	19 372.0	20 052.7	20 143.4	20 574.9	20 654.7
折现天数		365	730	1 095	1 460	1 826	2 191	2 556	2 921	3 287	3 652
折现因子		0.939 7	0.883 1	0.829 8	0.779 8	0.732 7	0.688 5	0.647 0	0.608 0	0.571 2	0.536 8
折现现金流		7 252.1	16 270.3	14 983.1	14 591.2	14 204.1	13 337.7	12 974.0	12 247.1	11 753.3	11 087.6
预测期 FCF 现值合计	128 701										

企业价值和股权价值计算 – 永续增长法	
预测期期末 FCF	20 654.7
永续增长率	0.5%
终值	350 932.2
终值的现值	188 383.6
FCF 现值合计	128 700.6
企业价值	**317 084.1**
有息负债	86 084.7
少数股东权益	3 852.4
货币资金	124 105.0
股权价值	**351 251.9**
流通股份数量（百万股）	5 631.4
每股价格	**62.4**

(a)

企业价值和股权价值计算 – 退出乘数法	
预测期期末 EBITDA	39 385.6
退出乘数	9.3×
终值	366 285.8
终值的现值	196 625.5
FCF 现值合计	128 700.6
企业价值	**325 326.0**
有息负债	86 084.7
少数股东权益	3 852.4
货币资金	124 105.0
股权价值	**359 493.9**
流通股份数量（百万股）	5 631.4
每股价格	**63.8**

(b)

图 13-1　股权价值及每股价格计算
（a）永续增长法；（b）退出乘数法

第二节 资产负债表配平检查

相信大部分读者在一步步完成财务模型构建，特别是最后一步完成资产负债表构建，以为大功告成的时候，才发现资产负债表并不平衡，也就是说通过设置的模型检查项，发现资产并不等于所有者权益和负债之和。毫无疑问，在构建模型的过程中发生了错误。对初学建模的读者来说，经常会碰到的一个问题，特别是辛辛苦苦做了很长时间的模型，在马上要提交结果的时刻，发现资产负债表不平了，内心可能一下就崩溃了。其实，资产负债表平了，不代表模型就一定没有错误，但是资产负债表不平，肯定是哪里出问题了。有问题并不怕，即使是非常有经验的估值师，也不敢保证每次做出来的财务模型资产负债表第一次就是平的。这也说明了设置模型检查项的必要性，可以从多方面来检查模型使之不出现错误。问题的关键是在发现资产负债表不平的时候，可以迅速找到问题所在并改正错误。只要按以下方法来找原因，相信很快就可以找到错误，轻松解决资产负债表配平的问题。

一、检查历史报表

很多初学者做完财务模型以后发现资产负债表不平，特别是每年都相差相同的数字，而且这个数字非常小，如 0.5 或是 0.2。在这种情况下，大概率是因为数据四舍五入导致的，特别是从数据库下载下来的历史数据，很多时候，历史数据因为四舍五入的原因，本身就不平。所以，在这种情况下，先在 Excel 模型中计算一下历史最后一年的资产负债表是否平衡，如果是历史报表的原因，那么这个微小的数据差异是可以容忍的。但是，如果历史资产负债表是非常精准的，那么预测的资产负债表就不能有这个 0.5 或是 0.2 的差异，就一定需要认真查找原因了。

二、观察资产负债表不平衡差异的数字

如果不是历史财务报表的原因，要做的就是看一下每年的差异数值是否相同或有规律。如果每年的差异都是相同的一个数值，那很有可能是一个科目漏掉了，所以每年都相同，只要找出这个漏掉或重复的科目就可以了。在

这种情况下，就可以迅速按照这个差异数值去对比财务科目，看看有哪个财务科目正好和这个差异数值相同，然后再去检查这个财务科目在财务模型中的钩稽关系是否正确。

另外，如果每年的数值都不相同，那么就在差异的基础上用后一年的数据减前一年的差异数值，如果第二次的差异数值相同，那么说明可能漏掉了一个累加的科目，这样的错误也比较好找。例如未分配利润未进行累加计算。

最严重的错误就是资产负债表的差异数值找不到任何规律，甚至是高低不平。这种情况就充分说明，在财务模型的构建过程中，出现不止一处的错误，需要一个一个耐心地找出。

三、资产负债表从上到下、逐个科目查找原因

资产负债表不平衡的原因根本还是公式钩稽关系错误或者比较低级的错误，如漏加或者重复加有关的数据。因此，首先就要检查公式钩稽关系及是否公式因为疏忽加错了。

（1）现金及等价物。现金及等价物的链接来源应该是现金流量表的期末现金，确认公式地址是否引用正确，对初学财务建模的读者来说，引错行或引错列都是常见的错误。

（2）应收账款、存货、其他应收款及其他流动资产。流动资产类科目都应该引自营运资本变动表。检查各个科目是否引用正确，同时要检查历史资产负债表的营运资金有关科目是否都已经包括在内，并正确地在营运资本变化中进行了计算。如果很不幸，第一遍检查没有检查出资产负债表不平的原因，那么在进行第二遍检查的时候，核对一个科目就对一个科目做特殊的颜色标记，证明这个科目已经检查完成。在检查完以后，如果历史报表还有遗漏没有标记颜色的科目，那么说明漏掉了。

（3）固定资产。固定资产科目涉及一个重要的钩稽关系：当年固定资产净值＝上年固定资产净值＋本年新增投资－本年折旧，确定好公式的钩稽关系，特别是检查一下有关的加减号是否正确。

（4）资产项其他科目。对于没有进行假设的其他资产类科目，通常都是

假设不发生变化，预测年的数值等于上一年度的数值，要检查一下历史报表中的科目是否已经都包括在预测的报表中。

（5）合计类科目。要特别留意一下合计科目的计算，如总资产科目，很多人不注意又用 SUM 求和把所有的数值从现金到固定资产加了一遍，其实上面的流动资产合计本身就是合计数值，所以这样又从现金开始加，就重复计算了有关科目。

（6）应付账款、应计负债等流动负债类科目。流动负债类科目和流动资产科目相同，都引自营运资本变动表，因为资产负债表中的所有数据都是基于其他报表中已经计算完成的数据，所以只要公式引用正确，资产负债表就应该是平的，否则就是其他报表出现了问题。

（7）短期借款及长期借款科目。短期借款及长期借款科目应该引用贷款偿还表的期末余额，即使不需要偿还或新增长期或短期借款，建立一张贷款偿还表也是一个比较好的习惯。

（8）股东权益科目。只要没有新增股份或减资的情况，股东权益的数值就是一个不变的数值，这也是出错误最少的科目。

（9）未分配利润及少数股东权益。未分配利润也是一个重要的公式钩稽关系：本年未分配利润＝上一年度未分配利润＋本年净利润－本年股利。所以前面提到的，如果资产负债表差异数值呈现递增的数值差异，很可能就是这个科目的公式出错了。对于少数股东权益来说，只要合并报表的净利润科目没有区分出归属普通股的净利润和少数股东损益，那么资产负债表的少数股东权益科目就可以保持不变。

（10）资本公积。资本公积科目也是一个累加科目：本年资本公积＝上年度资本公积＋本年计提资本公积。

综上，就是资产负债表的科目了。如果所有的资产负债表科目钩稽关系正确，且现金流量表中的有关科目都和资产负债表的有关科目一一对应，那么资产负债表就很难不平了。

第十四章
财务模型审查与常见误区

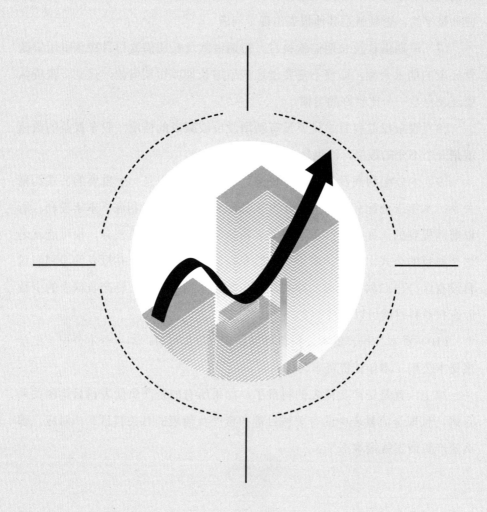

小案例

项目越来越多，张鑫也招聘了新毕业的研究生入职。虽然这些刚入职的新人都已经具备了财务建模的基本能力，但是具体到实战，张鑫并非十分放心。这天，新员工陈娜提交了一份财务模型，基本结论为如果按照集团设定的12%的资本金收益率要求，对应的股权价值折现为5 500万元。张鑫认真地检查了财务模型，竟然发现了5处错误的地方。在看到这些错误后，陈娜认真反省了自己的错误，她是在一版原有的模型的基础上进行改动，没想到还会出现这种错误，确实是疏忽大意了。错误之一是原有项目是25年，这次目标项目运营期是27年，运营期延长了2年，但是原有计算净现值的公式还只是包括了25年的范围，并没有包括最后2年。错误之二是直到运营期结束，项目层面还有银行贷款没有偿还完成。错误之三是融资利率为5.5%，但是模型之中输入的假设数据是5.05%。错误之四是估值日期是6月30日，本应该只将下半年的现金流纳入计算，但是财务模型纳入了全年的现金流进行折现。错误之五是资产负债表有一笔应付未付的股利，正常应该在年底前支付，财务模型没有将这笔股利作为现金流支出，也没有在估值调整中考虑这笔负债。

古罗马政治家西塞罗曾经指出："即使最优秀的人也会犯错。"这一观点同样适用于那些构建财务模型的估值师。无论是拥有数十年经验的资深估值师，还是刚入行的新手，其构建的财务模型都有可能存在错误。历史上不乏因财务模型错误而导致数亿元损失甚至公司倒闭的案例。这进一步突显了即使是经验丰富的估值师也必须高度重视财务模型的审查工作。

第一节 财务模型常见审查方法

一、财务模型文档与版本控制

在日常工作中，针对一个新项目，通常采取两种方式来构建财务模型：重新构建模型和基于类似架构的现有模型进行修改。重新构建模型的优势在于可以深入理解模型的所有细节，确保其完全满足项目需求。然而，这种方式通常耗时较长。相反，对基于类似架构的现有模型进行修改则能显著节省时间，尤其是在架构保持不变的情况下，仅需修改参数假设即可。如果这个模型最初是由自己开发的，那么进行调整可能会更加顺畅。但是，如果模型来源于其他渠道，模型质量可能无法得到保证。特别是在成千上万行的数据公式计算中，哪怕一个单元格的计算公式出现错误，也会导致模型结果较大的偏差。在这种情况下，虽然省去了重新构建模型的时间，但是要花较多的时间来进行财务模型的检查。

特别需要注意的是，在模型开发完成后进行的任何修改都应详细记录，并且要妥善保存不同版本的模型。这样做有助于在需要时回溯和审查各版本间的差异和变更。

二、输入数据检查与良好的建模习惯

财务模型审查的一个关键步骤是验证原始输入数据的准确性，确保没有输入错误。正如第二章所述，培养良好的建模习惯不仅可以减少错误的发生，同时在进行财务模型审查时也能更容易地识别出潜在的错误。

在实践良好的建模习惯中，原始输入数据通常会用黄底蓝字的单元格来标记，这一做法有助于审查时快速识别并核对这些关键数据。只需逐一检查这些标记过的单元格，就可以有效地进行数据验证。

三、模型自动检查

在估值师确信原始输入数据正确后，首先应利用财务模型的功能设计进行自我检查。例如，可以设置一个专门的模型检查页面，包含多个检查项目。这些检查项目能自动验证数据的准确性：若数据正确无误，则显示"OK"；

若数据存在错误,则提示需要进行"检查"。这些基本的检查项目包括:确保资产总额等于负债和所有者权益的总额,资金来源与资金使用相匹配,贷款本金的累计偿还值等于贷款总额,年度偿债备付率不低于银行要求的最低标准等。设置这些检查项目后,若未来修改参数,首要任务是检查这些项目是否仍显示为正常。虽然这些措施不能保证模型绝无错误,但可以有效排除多数常见错误。这样的自检功能不仅提升模型的可靠性,也为使用者提供了一种快速验证模型健康状况的工具。

四、极值检查

进行模型功能检查的一种有效方法是进行极端值测试,即将正常的输入值替换为特别大或特别小的值,甚至是零。这种测试方法可以帮助估值师确认模型在非典型情况下的稳健性和错误处理能力,具体做法如下。

(1)极端值输入。在模型的各个输入字段中输入极端值,如将收入设置为非常高的数值或零,检查模型是否能够适当处理这些输入而不是只处理预期范围内的值。观察输入异常值时模型的表现,确认模型不会因不合理的输入而崩溃或显示乱码。这是评估模型可靠性的重要环节。

(2)错误消息和警告。检查模型是否能够在输入不合理时显示错误或警告信息。这不仅防止了错误数据的进一步计算,也为用户提供了即时的反馈,指导其进行正确的数据输入。

(3)结果的合理性检查。即使模型在极端输入下不崩溃或出错,也需检查输出结果的合理性。例如,输入的销售额为零时,利润应相应显示为零或亏损,而不是出现非逻辑的正数。

通过这些步骤,估值师可以确保财务模型在各种输入条件下都能稳定运行,从而提升模型的可靠性和用户的信心。这种测试也能帮助开发者识别并修正可能的漏洞,优化模型的整体性能。

五、数据可视化

对于复杂的财务模型,尤其是那些包含大量表格和数据的模型,传统的数据审查方法可能不足以有效发现错误或异常。在这种情况下,数据可视化成为一种强大的工具，可以帮助估值师更直观地识别数据中的问题和趋势。以下是一些有效利用数据可视化来帮助财务模型审查的策略。

（1）趋势线图。通过折线图展示关键财务指标（如收入、成本、利润等）随时间的变化，可以帮助估值师迅速识别数据中的异常波动或不符合预期的趋势。如果某年的利润突然出现不合理的增长或下降，这可能就是数据输入错误或计算公式错误的信号。

（2）散点图。利用散点图可以分析两个变量之间的关系。例如，可以对销售额与广告支出进行对比，观察是否存在预期的正相关性。任何异常的数据点都可能指示录入错误或需要进一步调查的潜在问题。

（3）柱状图和条形图。这两种图对比较类别数据特别有用，如不同产品线或市场部门的销售情况。异常的高低值很容易被视觉识别出来。

（4）仪表盘。创建一个包含多个关键指标的仪表盘，可以实时监控财务健康状况。这种方法不仅可以在日常监控中使用，也便于在呈现给高层管理者时提供清晰的数据视图。

通过将这些可视化工具集成到财务模型中，估值师不仅能提高数据审核的效率和准确性，还能更有效地向其他利益相关者（如管理团队或投资者）报告和解释财务数据。这些工具使得财务分析更加直观、易于理解，从而提高整个财务模型的实用性和价值。

六、打印纸质文档

打印出电子表格数据，使用纸质文档进行审查，确实是一种辅助发现和纠正数据错误的有效方法。这种方法特别适用于需要深度分析和细节审查的情况，以下是利用纸质文档审查增强数据准确性的几个优势。

（1）减少视觉疲劳。长时间盯着电脑屏幕工作容易造成视觉疲劳，这可能会降低对数据错误的警觉性。纸质文档在一定程度上能减轻这种视觉疲劳，帮助分析师更集中注意力进行审查。

（2）便于标注和写注释。纸质文档容易用笔做标记，分析师可以直接在文档上圈出疑问点、做笔记或写下思路，这在电子文档中虽然也能实现，但笔和纸提供了更直接、更灵活的互动方式。

（3）更好地总览和比较。打印的纸质文档可以一次性展开多页，便于进行跨页比较和数据关联分析，这在电脑屏幕上可能需要频繁滚动和切换窗口，不够直观。

（4）提供审计痕迹。纸质文档的手工注记和修改可以作为审计痕迹保存，这对于追溯决策过程和理解数据变更背景非常有帮助。

尽管纸质文档审查方式有效，但也要注意一些局限性，如打印成本、环保考虑以及更新数据的不便等。因此，在选择是否使用纸质文档审查时，可以根据实际需要和具体情况作出权衡。结合电子文档审查和纸质文档审查的方法，可以最大化数据准确性和工作效率。

七、财务模型交叉验证，遵循"四只眼"原则

对于成熟的投资团队而言，遵循"四只眼"原则是构建财务模型的重要环节。即便是经验丰富的估值师，也可能忽略自己的错误，有时甚至在多次检查后仍未发现明显的错误。因此，财务模型必须由另一位同事进行复核。另一种验证财务模型准确性的有效方法是，让不同的团队基于相同的假设独立构建财务模型。在相同的假设和方法指导下，两个团队的计算结果应当是一致的。如果结果不同，则意味着其中一方的模型存在计算错误。对于专业的投资团队来说，尽管它们可能会聘请估值顾问来构建财务模型，但它们也会独立构建自己的模型，并将自己的估值结果与顾问的估值结果进行比对。如果两个结果一致，则可以更加确信模型的正确性。通过采取这样的措施，可以大幅提升模型的可靠性，确保投资决策的数据支持是精准、有效的。

第二节 财务模型及估值乘数的误区

现金流折现被认为是确定公司自身基本面价值或内在估值的最佳方法之一，因为相对于其他估值方法，折现现金流估值法不容易受到外部因素的影响。此外，折现现金流分析具有较大的灵活性，可用于对独立的单位、子公司或资产进行估值。折现现金流法在并购环境下尤为有效，因为它是一种前瞻性分析，所以可以在预测中充分考虑公司长期战略规划以及增长率和营业利润率等关键变量的预期变化。

虽然现金流折现可以通过预测收入、成本、资本性投资等多项假设参数，预测未来自由现金流并进行折现，但是使用折现现金流分析的最大挑战在于：折现现金流估值法的基础是预测，而任何预测都不可能是完美无瑕的。相反，它们仅仅是对未来有根据的猜测。此外，编制财务预测的人往往会对公司的未来前景持乐观态度（比如，公司管理人员往往对公司增长前景持乐观态度，而且内部预测大多是由公司管理人员编制的）。这种乐观偏差或许会导致折现现金流估值法夸大价值。另一种有可能导致折现现金流估值法夸大估值的问题是：在计算对公司现金流进行折现的 WACC 时，采用的数据往往来自规模较大而且风险较小的同行企业。也就是说，如果 WACC 被人为压低，得到的折现现金流价值就会被夸大。根据实际要求以及数据的可获取性，折现现金流分析既有可能非常简单、也有可能极为复杂。归根到底，为进行分析所需要的预测质量，将最终决定折现现金流分析的完整性和正确性。

根据笔者多年的工作经验，财务模型的有效性与所设定的经济假设条件密切相关。这些条件包括输入模型的价格、数量、资本性支出以及经营性费用假设。在本章第一节，通过财务模型检查的常用方法，可以发现模型计算中的错误。本节将主要探讨财务模型中的常见误区，即那些并非计算错误的问题。投资者依赖财务模型作出交易决策，但几年后却发现实际的财务表现与当初财务模型预测的相差甚远。即使在交易完成时，团队成员在庆祝的时刻也未能预见未来可能出现的问题。当然，这些并非计算错误，而是我们需要反思的一点：为什么有时候财务模型得出的分析结果会出现严重的偏差，且这类估值错误似乎总是不断重演？下面将对这些常见的误区进行分类和讨论。

一、曲棍球误区：对未来假设过于乐观，脱离历史业绩

在构建财务模型之后，通常要做的一个检查是趋势检查，主要是看看预测期间是否有异常数据。这部分工作通常是检查财务模型是否有计算错误，即是否输入了错误的假设数值，或是在中间的计算过程中发生了单元格公式的错误引用或计算，从而使某一年的计算值产生偏离。

我们往往过于关注未来的预测结果，而忽视了历史业绩与未来的关联性。举一个简单的例子，如图14-1所示。

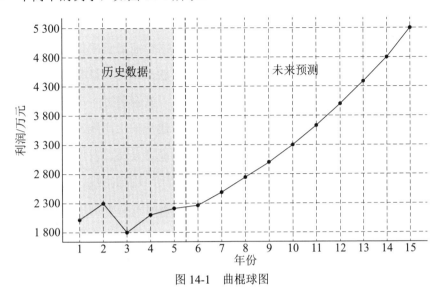

图14-1 曲棍球图

图14-1中，灰色区域代表历史的利润水平。我们可以看到，在过去5年的历史期间内，净利润呈现出较大的波动。然而，预测的利润却显示出持续增长的趋势。由于这种预测形态类似于曲棍球的形状，我们称之为"曲棍球效应"。

历史财务数据的波动性反映了该行业或企业经营的周期性变化。为了使预测更接近现实情况，预测数据应呈现出与历史业绩相似的趋势。在此过程中，我们需要仔细检查利润增长的驱动因素，找出那些导致与历史数据差异的关键假设，并反复确认这些假设的合理性。特别是在趋势图中呈现这种曲棍球效应时，投资人应该更加谨慎地判断一些重要假设是否存在合理性，特别是要多问几个问题，例如：为什么历史财务业绩上下波动，收购后就会一直向好？历史上下波动的原因是什么？未来是否会重复发生？如果重复发生，这些因素是否已经体现在财务模型之中，是如何影响财务预测数据的？

二、假设收入持续增长

假设收入持续增长，一是产量超过产能，忽视新增投资支出；二是价格持续上升。现金流是估值结果的直接驱动因素，收入又是现金流的直接驱动因素。因此，收入假设是财务模型预测中最核心的假设之一。在财务模型中，很常见的一个假设就是销售收入保持增长。销售收入又可以简单拆分为销量和价格。不论是销量或价格的假设，都会存在很容易忽视的误区。

例如对销量来说，财务模型通常很容易根据行业增长率假设产品销量保持一个长期增长率。但我们忽视了一个关键问题，就是产量是和生产线的生产能力挂钩的。当产量增长到一定规模的时候，就会超过生产线的负荷。如果再假设新增的产量，就需要再新增投资，新建一条生产线。对很多特定的行业来说，并非很容易就可以新建生产线，如高速公路、发电厂、污水处理厂等，因此对产品销量长期增长的假设一定要结合具体的项目。

对于价格的假设也同样存在误区。在项目投资决策期间，没有做好市场的调研，简单假设产品生产后会按照市场现价，或是产品价格会随通货膨胀持续增长。我们也举一个典型的例子，多晶硅的全球产能近年来显著增加。中国在全球多晶硅市场中占据了主导地位，许多中国企业，如通威、大全新能源和协鑫等都在大力扩展产能。多晶硅产能从2019年底的34.2万吨增长到2023年底的143万吨，增长率为418%。产品供过于求，直接导致了相关产品价格大幅下降。多晶硅的价格也从历史高点30万元/吨下跌到4.5万元/吨。2024年一季度，通威股份亏损8亿元，大全新能源亏损3.3亿元，隆基绿能亏损23.5亿元。因此，对于价格的假设，特别是未来持续性的增长，要考虑历史的变动情况，也要考虑行业的动态变化。简单来说，在完全竞争的市场情况下，超过行业收益率的价格一定不会持续。

三、成本按销售收入比例，保持不变

虽然在前面的财务模型假设中，通常会采用成本占销售收入的比例在预测期保持不变的方式，但是在针对具体项目做假设的时候，一定要具体问题具体分析。举一个例子，对于火电厂来说，关键的燃料煤占了成本的70%，但是电价和煤价并非完全转嫁，特别是煤属于市场价格，等煤价上涨的时候，电价不能传导，因此若简单假设煤的成本占销售收入比例保持不变，就不符合实际情况。项目就会面临较大的决策风险。所以，如果产品价格与销售成本变化紧密相关且历史销售成本占销售收入比例变动较小，则预测时就比较

适合采用销售成本占销售收入比例固定不变的方法。但是在销售收入固定、成本有可能发生比较大的变化情况下，则需要更加谨慎地进行分析和假设。不能简单地看到历史 3 年成本占销售收入的比例保持稳定，就不加任何考虑地一直假设相同的比例。财务模型的假设首先是基于对估值企业商业模式、收入和成本驱动因素的理解，然后才是根据历史财务数据进行分析，并且经营特点和财务数据相互验证，最后依据历史财务数据进行预测。对初级估值师来说，一定要避免机械地套用建模公式，仅看历史财务数据，不加任何分析，就计算得出估值结果。

四、永续法模式的弊端

永续法是对上市公司估值常用的方式，因为我们会假设上市公司持续经营。我们也发现，在预测期为 5～10 年的情况下，永续法估值得出的终值现值要占到企业价值的 70%～75% 的水平，有时还会更高，因此永续法的适用性对估值结果来说就非常重要。对于一些资源类型的公司来说，特别是剩余寿命期限很短的情况下，永续法就会高估公司价值。这是因为，永续法的基本前提是目前的经营情况会永久持续，显而易见，资源型企业的资源肯定会有开发结束的一天，包括一些持有寿命有限的企业，如高速公路或发电厂。对单一项目来说，因为有设备的使用寿命期，所以也不适合采用永续法，更常见的是预测寿命期 20 年或 30 年的项目现金流来计算估值。

在永续法当中，对估值影响最敏感的因素就是永续增长率。永续增长率的取值通常不会高于行业增长率及 GDP 的增长率。因此，一般情况下，永续增长率的取值相对都比较低。

五、EBITDA 乘数的误区

很多有行业经验的估值师或是投资开发人员，首先都会用企业价值乘数（EV/EBITDA）来对项目的价值进行判断，甚至在很多现实项目出售中，卖方会直接要求按一个行业常见的乘数来进行定价，如 9 倍或 10 倍的 EBITDA。虽然企业价值乘数是常见的估值乘数，使用范围较广，但是我们一定不能简单地根据企业价值乘数的高低来直接判断项目估值的高低，因为每一个项目的具体情况可能千差万别，行业通用的乘数也仅仅作为参考，具体估值时必须结合项目的实际情况来进行判断。

EBITDA 是息税折旧摊销前利润，可以近似为现金流的代表，但是这个指标和现金流相比，明显缺少了两个科目：一个是资本性支出，一个是营运资金变化。对一个正在持续经营的企业来说，营运资金不会持续发生明显的变动，即使有相关的变化，行业的估值乘数通常也已基本上考虑了行业的相关特点。但是对资本性支出来说，会存在较大的区别。例如，不论是发电厂还是污水处理厂，经济寿命通常是 20～25 年。显而易见，一个刚刚运营 2～3 年的项目和已经运营 20 年的项目，从估值来说，EV/EBITDA 乘数是明显不同的。在这样的情况下，就不能用常规的行业经验乘数来进行定价。当然，估值师还会遇到另外一种情况，就是项目是可持续经营的，不存在经营期限的限制。即使如此，经营期限不同，项目的经济特点也不同。例如，对于已经运营 20～30 年的电网企业，为了维护设备的正常运行，每年都要进行大量的资本性支出来对设备进行维护和更新。在这种情况下，EBITDA 指标并不能体现出资本性支出的特征，所以企业价值乘数只能作为初步估值的参考，具体适用的乘数标准还需要依据现金流折现来进行判断。

第十五章

市场法估值

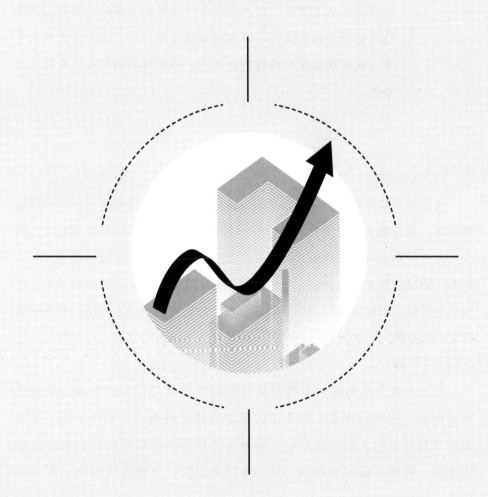

小案例

随着经验日益丰富，张鑫也成为集团内知名的估值专家，经常会作为集团专家来审查其他二级单位的投资项目。按照集团规定，估值报告需要采用两种方法来进行估值，因此，二级单位通常也会要求估值顾问在报告中采用市场法。在审查会议上，张鑫对估值报告中采用的可比公司提出了疑问，因为目标公司所在国家是巴西，但是可比公司选择的可比案例所在国是墨西哥和智利，巴西的可比案例只有1个，而且交易时间还是4年之前。张鑫对可比公司的可比性提出了疑问，要求估值顾问重新进行可比公司分析。在会后的沟通中，二级公司的负责人坦率地承认了错误，因为第一次估值顾问选择的巴西可比交易结果都是估值较低，不能支持估值结论，所以这个二级单位负责人就要求估值顾问特别选择了一些价格高的可比交易来进行分析。

前面的章节完整地介绍了如何通过构建完整的财务模型来进行自由现金流折现，并计算企业价值及股权价值。在实际工作中，特别是在进行深入的分析之前，通常可以快速地计算相关估值乘数，对当前的市场估值进行初步判断。通过估值乘数的计算并与同类型的公司进行比较，或是计算可比公司的估值乘数，来对目标公司进行估值，就是估值方法中的市场法。市场法估值又可以按照可比对象分为两种：一种是可比上市公司估值，另一种是可比先例交易分析。

可比上市公司估值的主要特征在于以当前的同行业的上市公司为估值参照系。按照同行业上市公司的股票交易价格来进行对比参照。可比先例交易分析的主要特征是以直接投资市场上的收购股权价格来进行对比参照。两种方法原理相同，只是参照系不同，首先介绍可比上市公司估值。

第一节 可比上市公司估值

可比上市公司估值也称可比公司估值，它是一种非常有用的估值工具。可比公司估值的基本原理是同一行业内的公司或是具有非常相似业务基础的公司（如商业模式、风险特征、盈利和增长前景等）价值应该相同。为了进行可比公司估值，首先需要确定最佳可比公司组合，并计算出每家公司的财务指标和估值乘数，如股权价值乘数（市盈率P/E）或企业价值乘数（EV/EBITDA）。根据所选最佳可比上市公司的乘数范围，确定目标公司在可比公司的相对排序，就可以确定适合于目标公司的乘数区间，从而得到目标公司的隐含估值区间。

一、可比公司估值的主要步骤

第1步：研究目标公司，选择可比公司系列。

可比公司法的基本原理是相似的公司应该具有相似的价值。因此，应用可比公司法的关键是找到最可比的公司。从这一步来说，有时比较容易，如果要对一家电器制造企业进行估值，则可以在A股市场找到大量的电器制造类上市公司，如格力电器、美的集团，甚至可以对电器制造的企业按规模进一步进行细分。但有时候则很难一下子对应上可比公司，如你要估值的企业是一家从事氢能、虚拟人或元宇宙业务的公司，则很难马上对应到上市公司。

从确定可比公司相似性的角度来说，可以分为业务特征和财务特征两类。因此，对企业估值，首先要对目标企业进行深入研究，针对行业、商业模式、上下游关系、产业链、市场规模、竞争程度进行逐项分析。

可比公司的业务特征可以从行业领域、产品与服务、地理位置、市场前景等方面来进行判断。财务特征则可以从收入规模、盈利能力、增长情况、投资回报率及信用比率等方面进行细分。如果找到的可比公司与目标公司在所有方面都相似，那就是最好的可比对象。从寻找可比公司的数量来说，首先是越相似越好。在理想的情况下，可以寻找10~15家可比公司，然后在这个基础上，确定3~5家最相似的可比公司。对于初步的可比上市公司寻找，可以通过财经终端的行业分类进行筛选，并在此基础上进行二次筛选。

第2步：制表并分析计算可比公司各项财务比率及估值乘数，常见的估值乘数包括市盈率（PE）、企业价值乘数（EV/EBITDA）和市净率（P/B）。

在找到可比公司之后，就需要将可比公司的各项财务数据列表，并计算各项财务比率和估值乘数。当然，在计算这些财务比率之前，也要对这些财务报表进行常规化调整，以方便进行比较。计算这些指标的意义在于发现市场估值高低的规律。例如，在正常情况下，毛利率高的、增长速度快的、信用比率好的，市场会给予更高的估值乘数。通常我们会计算表15-1所示的财务指标及比率作为参考。

表15-1 关键性财务数据与财务指标及比率

关键性财务数据	财务指标及比率
规模	市值 销售收入规模
盈利能力	毛利率 EBITDA利润率 净利润率
增长情况	历史增长率 前瞻增长率
投资回报率	净资产收益率 总资产收益率 股息收益率
信用比率	杠杆比率 信用比率

同时，我们也会计算估值乘数作为参考标准，见表15-2。

表15-2 估值乘数

估值乘数	估值指标
股权价值乘数 P/E	上一财务年度 P/E 过往12个月 P/E 预测本年 P/E 前瞻性1年 P/E 前瞻性2年 P/E
股权价值乘数	P/B
企业价值乘数	EV/EBITDA

不同的 P/E 值代表了不同的时间点所计算的指标，都可以用来做估值的参考。比如，现在是 2024 年 9 月，如果我们要计算 P/E 指标，股票价格就是当前最新的股票收盘价格，但是收益应该如何来计算呢？

在 2024 年 9 月，已经有上市公司 2023 年全年数据及 2024 年的半年度财务数据，所以可以计算得出当前股票价格除以 2023 年的每股收益，得到一个 P/E 值。但是目前是 9 月，如果还依据 2023 年的财务数据，已经不能完全反映当期的财务盈利情况，所以还可以用过往 12 个月，如在半年报的基础上，采用 2023 年下半年的数据和 2024 年上半年的数据来进行计算，也会比采用 2023 年全年的数据更能接近当前的情况。对投资人来说，投资的是未来，所以也会以预测的 2024 年完整年，包括预测的 2025 年和 2026 年的每股收益来计算 P/E 值。这些 P/E 值都可以用来做估值参考，获取估值区间。

第 3 步：对目标公司与可比公司进行基准比较，确定相对位置，将可比公司系列乘数乘以目标公司的相应数据，以确定目标公司的预期估值范围。

在计算完成可比公司的财务比率及估值乘数以后，可以将目标公司与可比上市公司进行基准比较。从目标公司的财务比率、销售规模等各项指标来判断，可以进一步筛选出最相似的 3～5 家最佳可比公司。筛选出来的这 3～5 家可比公司的乘数区间，就是目标公司的估值区间范围。通过可比公司估值乘数的计算，可以获得可比公司相关估值乘数最低值、最高值、平均值和中位值。如果目标公司和最佳可比公司还可以进行基准排序，如目标公司各项指标处于可比公司优势地位，则目标公司的估值乘数可以选择估值区间的高端；反之，则会选择估值区间的低端。

如图 15-1 所示，以 EV/EBITDA 的估值乘数为例，可比公司的区间范围为 7.5～12.5 倍，平均值为 10 倍，中位值为 10.5 倍。其中 3 家最可比公司的区间范围为 8～10.9 倍，可以再计算 3 家最可比公司的估值乘数平均值为 9.5 倍，中位值也为 9.5 倍。通过最可比公司，就可以获得估值区间更为紧凑的 8.0～10.9 倍。还可以通过将目标公司和 3 家最可比公司进行比较，以判断目标公司的估值乘数区间应偏向高值或是低值。

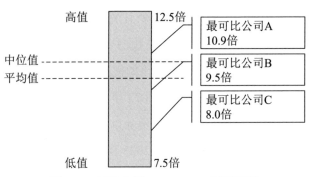

图 15-1　可比公司 EV/EBITDA 区间示例

二、可比公司估值的特点

上市公司股票价格具有少数股权的特点，是因为股票价格的形成是基于公开市场的交易，而这些交易的股票数量相对于公司的总股份来说，都是少数股权。所以说，以上市公司股票价格作为参照系，参照的对象是少数股权。

上市公司的股票具有流动性，是指上市公司的股份很容易在二级市场进行出售。如果股份变现的话，在短时间内就可以售出。因此，上市公司的股票价格也代表了是具有流动性的价值。

对可比公司来说，这个参照系的特征是少数股权和流动性，因此，任何标的依据这个指标来进行估值，还需要结合自身的特点进行调整，如果标的公司是控股权的非上市公司，则需要在可比公司价格基准的基础上进行控股权溢价及流动性折价的调整。

三、可比公司估值的主要优点

（1）可比公司估值的优势之一，就是它以当前可比上市公司的股票价格为基础。对上市公司来说，每一个交易日股票价格的变化都反映了市场对当前公司价值的判断，这也是衡量股东价值最透明的指标。

（2）由于可比公司分析是以当前股票价格为基础，因此，对于公开发行股票之前的公司来说，它是确定可能价值的最优方法之一。此外，可比公司分析还是确定公开交易公司非控制性股权价值的最佳方法。可比公司分析还可用于确定公司是否有机会成为潜在的收购对象。如果一家公司的股票价格明显低于内在价值（按折现现金流分析或杠杆收购分析得到的公司价值），那么，这家公司就很容易成为收购目标，因为另一家公司或私人投资者可据此确定，在按较低价格购买上市公司的全部股份后，由此取得的公司现金流，可以先给投资带来足够的收益。

（3）可比公司估值方法简单，财务数据公开且容易获得。

四、可比公司估值的主要缺点

（1）可比公司分析的一个主要缺点是它所代表的是少数股权，并且不包括控制权溢价。另外一个更大的缺点是，有时很难找到一个真正可比的公司。由于所有公司都会有所不同——即使在同一个行业内，也不例外，因此，不可能按照公司 A 的股票价格完美地推断出公司 B 的价值，除非能对公司 A 和公司 B 之间的所有差异作出解释并予以量化。

（2）只有在可比公司组合中的公司都具有较大的规模和流动性，这种方法才能很好地发挥作用。可比公司分析的基本前提就是公司股票价格是市场对公司价值的认知，因此，如果可比公司组中的公司具有较差的市场基本面（如市值偏小，市场流通量或交易量较低），那么，就很难从可比公司组合中推断出合理的结论。如果股票流动性很低，股票价格不能真实代表价值体现，可比公司估值法也就失去了比较的前提基础。

（3）市场在某些情况下趋于情绪化，存在热度过高或过于恐慌的情景。因此，如使用因宏观经济事件或当天新闻而导致明显偏高或偏低的股票价格进行可比公司分析，得出的结论也有可能会不合理地偏高或偏低。

第二节 可比先例交易分析

可比先例交易分析主要的参考对象不是上市公司，而是在一级市场上直接发生的交易案例。由于在一级市场上发生的并购交易主要特征是收购并取得非上市公司控制权而支付的价格，因而这个价格本身已经包括了控制权溢价，而且具有非流动性特点。这一点也是可比先例交易分析和可比上市公司估值的最大不同点。

一、可比先例交易分析的主要步骤

第 1 步：研究目标公司，选择可比先例交易公司系列。

第 2 步：制表并分析计算可比先例交易公司各项财务比率及估值乘数，常见的估值乘数包括市盈率（P/E）、企业价值乘数（EV/EBITDA）和市净率（P/B）。

第 3 步：目标公司与可比先例交易公司进行基准比较，确定相对位置，将可比先例交易公司系列乘数乘以目标公司的相应数据，以确定目标公司的预期估值范围。

二、可比先例交易分析的特点

可比先例交易分析与可比上市公司估值的步骤完全相同，只是选择的对象不同。与可比上市公司不同，可比先例交易大多数为非公开交易，因此，不论是相似的交易或是财务数据，都较难以获取。可比先例交易并非上市公司，且交易数据较少公开，因此所选择的财务指标非常有限。

三、可比先例交易的主要优点

（1）可比先例交易分析方法简单，只要确定相似交易的关键估值乘数，就可以框定目标公司的估值范围。

（2）近期的可比先例交易可以反映当下资本市场的估值，也是真实的市场成交价格。

四、可比先例交易的主要缺点

（1）相似的可比先例交易较难获得，且财务信息不足。

（2）很多先例交易发生时间较久，不能反映当期的资本市场形势和宏观经济环境。

（3）可比先例交易的价格反映了投资人的协同效应及对公司未来业绩的预期，是属于针对特定投资人的价值。

参考文献

[1] 皮格纳塔罗. 财务模型与估值：投资银行和私募股权实践指南 [M]. 刘振山，邱念，译. 2 版. 北京：机械工业出版社，2023.

[2] 博德默. 财务模型：公司估值、兼并与收购、项目融资 [M]. 张鲁明，刘振山，译. 北京：机械出版社，2018.

[3] 罗森鲍姆. 投资银行：估值、杠杆收购、兼并与收购、IPO[M]. 刘振山，译. 3 版. 北京：机械工业出版社，2022.

[4] 皮格纳塔罗. 杠杆收购：投资银行和私募股权实践指南 [M]. 注册估值师协会，译. 2 版. 北京：机械工业出版社，2018.

[5] 提亚. 财务建模：设计、构建及应用的完整指南 [M]. 张鲁明，张鲁品，译. 3 版. 北京：机械工业出版社，2020.

[6] 费尔赫斯特. 财务模型实践指南 [M]. 高朋，译. 北京：机械工业出版社，2020.

[7] 弗里克曼. 公司估值 [M]. 注册估值师协会，译. 北京：机械工业出版社，2017.

附录　模型构建完整步骤

第 1 步：分析目标公司商业模式，业绩驱动因素，了解行业基本情况。

第 2 步：整理企业历史财务报表，并进行常规化调整。

第 3 步：计算历史财务比率。

第 4 步：预测销售收入增长率及成本占销售收入比率。

第 5 步：预测利润表至息税前利润。

第 6 步：预测折旧摊销，完成折旧摊销计算表。

第 7 步：预测营运资本，完成营运资本变动计算表。

第 8 步：预测未来资本性支出。

第 9 步：完成自由现金流计算。

第 10 步：预测加权平均资本成本。

第 11 步：完成自由现金流折现。

第 12 步：计算永续法终值及终值折现。

第 13 步：计算退出乘数法终值及终值折现。

第 14 步：计算企业价值及股权价值。

第 15 步：完成敏感性分析及情景分析。

第 16 步：完成贷款偿还计算表。

第 17 步：完成利润表。

第 18 步：完成现金流量表。

第 19 步：完成资产负债表。

第 20 步：财务模型检查。

第 21 步：模型参数调整及确认。